문화세계의 창조

새로운 미래를 향해

문화세계의 창조

새로운 미래를 향해

미원조영식박사기념사업회 편

서언

1951년, 전쟁으로 인한 끔찍한 파괴와 수를 셀 수 없는 억울한 죽음으로 이 나라 민초들이 집단적인 사경死境을 헤매고 있을 때 한 30대 청년이 비극적 운명과 치열한 격투를 벌이는 학문적 고뇌에 몰입한다. 이 청년의 가슴에는 다시는 이러한 비극이 되풀이되지 않을 길에 대한 염원이 가득 차 있었다. 그것은 이미 전쟁 이후의 미래를 준비하는 고도의 지적 작업이었다.

이 청년은 경희학원 설립자 미원 조영식 박사(1921~2012)였다. 당시 그가 쓴 책이 바로 『문화세계의 창조』다. 『문화세계의 창조』는 미원 조영식 박사가 전란의 와중에서 집필한 이상사회론이다. 문화복리주의를 기반으로 지구촌이 하나로 통합돼 평화로운 인류사회를 이룩해야 한다는 구상이다.

여기에는 구체적인 동시에 규모 있는 담론이 다채롭게 담겨 있다. 인간의 양심과 권리에 대한 철학, 생명가치의 존중, 민주주의에 대한 확신과 실천논리, 교육과 정치의 관계, 인류의 미래에 대한 꿈 등 세계사적 진로를 지구적 관점에서 찾아 나서는 조영식 박사의 의지가 강렬하게 다가온다. 30대 청년의 저작이라고 믿기 어려울 정도다. 한 시대를 관통하는 갈망과 사상의 궤적에 몸을 실었기 때문에 가능했다. 지금 우리에게도 그러한 시대적 고뇌가 절실히 요구되고 있다.

청년 미원의 원대한 사상은 경희학원의 창학 이념으로 거듭나 경희의 역사와 함께 구체화됐다. 경희는 '문화세계의 창조'를 구현하기 위해 대학 설립 초기부터 학술기관으로서 정체성을 다지는 동시에 대학의 사회적 책임에도 남다른 관심을 기울였고, 평화로운 인류사회 건설이라는 목표 아래 학술과 실천을 선구적으로 결합해 지역과 국가, 지구사회에 공헌해왔다.

경희대학교는 개교 65주년을 맞아 『문화세계의 창조』를 복간하는 한편, 오늘날의 언어로 새로이 풀어쓴 판본을 함께 출간했다. 이어 경희의 얼과 정신인 '문화세계의 창조'를 재조명해 인간과 문명의 내일을 위한 '대학다운 미래대학'의 모습을 모색하는 학술회의를 열었다. 이 책은 2014년 5월 19일 열린 학술회의에서 발표된 4편의 발제문을 정리해 묶어낸 것이다.

지금 다시 미원의 생애와 사상을 조명하는 근본 목적은 국가, 사회, 대학의 한계를 성찰하고 미래사회가 요구하는 대학의 참모습을 모색하려는 데 있다. 이 저작의 의미를 여러 각도로 다시

읽고 재평가하는 가운데 우리의 현재를 점검하고 미래의 좌표를 보다 확고하게 정립하고자 함이다. 60여 년 전 경희의 설립자가 주창한 '문화세계의 창조'는 당시로서는 매우 전위적인 사상이었으며, 미원 사상은 지금도 여전히 유효한 '제3의 길'이다.

미원전집편집위원회
미원조영식박사기념사업회

차례

뜻과 의지 그리고 실천의 세계
– 미원 조영식의 사상과 생애[1]

라종일

우리는 항상 '왜', '어째서' 그리고 '어떻게'라고 묻고 묻는다. 그러고는 계속 다시 묻는다. 조영식의 경우도 마찬가지였다. 주변은 오늘내일을 구별할 수 없는 온통 혼돈이었다. 불과 몇 십 년의 사이를 두고 몇 개의 세계가 연달아 무너지고 새로운 세계는 모든 것이 불확실했다. 그렇게 단단해 보였던, 하늘에 닿을 듯 기세등등한 것들이 소리도 제대로 내지 못하고 무너져 내렸다. 지나간 경험들을 정리하기도 전에 새로운 현실이 눈앞에 전개되었다. 거기다 매일매일 살아남기 위한 투쟁도 각박한 처지였다. 수천 년을 이 땅에서 살아온 사람들이 일찍이 보고 겪기는커녕 듣지도 못했던 엄청난 폭력이 동원된 전쟁도 있었다. 하루하루 먹고사는 일만 해도 끔찍하게 고통스러웠다.

1 이 짧은 글에서 조영식의 사상과 생애를 재현하려는 생각은 없다. 단지 내가 경험한, 내가 생각하고 안다고 여기는 조영식을, 특히 청년기 사상을 중심으로, 그 생애의 한 단면을 이야기하려는 것이다.

구차한 현실 속에서 조영식도 묻고 생각하고, 생각하고 다시 물었다. 그러나 그는 우리와 다른 점이 있었다. 그는 그저 묻고 생각하는 것에 그치지 않고 바라고 갈망했다. 말하자면 한 치 앞도 보기 힘든 혼돈에서 질서를 찾고 세상을 다시 세우고자 했다는 뜻이다. 그는 단순히 묻고 생각하는 것을 되풀이하는 것에 그치지 않고, 생각의 알갱이들을 가려내고 이들을 다시 정제했다. 가려낸 사고의 알갱이들은 조각조각 새롭게 배열되고 질서를 갖춘 체계로 통합되었다. 그러기 위해서는 여러 날과 밤 동안 수많은 만리장성을 쌓았다가 허물고 다시 쌓았을 것이다. 그는 그렇게 해서 더 높은 수준으로 추상된 결과를 갖고 우리를 마중하였다. 그의 사고가 난처한 현실을 딛고 혼란의 와중을 관통해가는 민첩함을 가졌기 때문에 사람들은 얼핏 그 뒤에 숨은 깊은 고뇌와 심오한 뜻을 간과한다. 또 다른 이유도 있다. 조영식의 사유세계가 근본적으로 사유 자체가 아닌, 뜻을 세우고 이를 현실에서 이룩할 의지를 전제로 한 것이라는 점이다. 조영식의 사상은 강의실이나 학자들의 토론장이 아니라 뜻과 의지의 세계에 있는 것이다. 그의 사상 담론을 특징짓는 것은 정제된 추상을 추동하는 갈망과 의지이다. 그리고 그는 뜻을 펼 의지와 능력을 갖춘 사람이었다. 그래서 그의 사전에는 확실한 식별만이, 그리고 구체적인 처방이 있다. 주변은 추루했고 도처에서 실의와 방향을 잃은 생각들이 난무했다. 그러나 조영식에게는 확실하게 정제된 생각들의 조각과 현세를 지향하는 원망과 의지가 있었다.

당연하게 그가 처음 추켜들었던 것은 자유였다. 그렇게 갈망하던 자유, 그런데 어느 날 갑자기 쉽게 주어진, 주체할 수 없는 멀고 먼 자유였다. 그는 자명한 결론을 내린다. 개인적인 차원에서 "자유는 인격의 외연이다." 사회적인 차원에서 "자유는 (……) 보다 나은 것을 이루기 위해 협동하는 건설적인 면"이다. 즉 자유의 진정한 의미는 "민주적인 것"에 있다. 민주 정치를 전제로 할 때만 자유는 진정한 의미를 갖는다. "나만이 주인이며 나만이 절대라고 하는 세계는 (……) 약육강식의 세계이지만 우리 모두가 주인이라는 세계는 상호 부조의 세계요 민주의 세계다." 사상가로서 첫 번째의 진지한 화두인 자유에 관하여 그가 정리한 결론을 보면 후일 그의 사상적인 발전 방향을 이해할 수 있다. 자유라는 난제에 관한 해명은 후일 성숙한 실천하는 지식인으로서 그의 사상, 인류 보편의 가치 그리고 그것에 기초한 평화를 엿보게 한다. 그가 도달한 결론들을 상식적인 혹은 진부한 이야기로 치부해버리는 사람도 있을 것이다. 조영식은 그런 사람들에게 많은 이야기를 들려주었을 것이다. 이 평범한 진리야말로 이 책이 처음 나온 해에 출범한 한 공화국의 성향석orthogenic 진화에 사상적인 초석이 된 것이며 나아가서는 새로운 세계의 건설에 이어지는 것이다. 이렇게 상식적인 이야기를 자신 있게 하기 위하여 20대의 젊은 청년 한 사람이, 길거리에서 도서관에서 선배·후학들과의 만남에서 시간을 아껴가며 노심초사 몰두했고, 해방 직후의 열악한 학문적인 여건 속에서도 가능한 많은 자료들을 섭렵하면서 연구와 집필을 이어갔다.

더욱 우리의 심경을 이끄는 것은 그의 다음 저술이다. 그리고 저술의 내용에 앞서 그런 작업을 하는 사람의 뜻과 의지이다. 1951년은 한국전쟁 3년의 기간 중에서도 가장 암울한 시기이다. 전세가 역전되고 재역전되는가 싶더니 다시금 치열한 살육이 전개되는 사이사이에서 사람들은 생사의 갈림길을 헤매어야 했다. 저자 자신도 자기가 사경을 넘나들면서 생각하며 집필을 했다고 회고한다. 당장 눈앞의 자신의 운명을 가늠하기 어려운 상황에서 저자는 원고 뭉치를 끌어안고 다니면서 세계와 인류의 앞날을 걱정하였다. 자기 자신의 안위가 아니라 동서, 좌우로 갈라진 세계에서 "파란만장" 인류의 앞날을 우려한다. 그는 거창하게도 양대 세력, 양대 이념의 지양과 조화의 앞날을, "순화와 통합"의 처방을 내린다. 그리고 "하나의 세계", 모든 사람이 사람으로서의 "존엄"을 지키며 살 수 있는 "참된 삶", "문화 복지"의 세계를 바라본다. 문화는 "인간의 존엄을 발전시켜온 인류 정신의 구체화"라고 단언한다. 그러면서도 현실의 구체적인 문제, 즉 한국의 통일도 결국 세계 통합의 이념으로 해결되어야 한다고 진단한다. 이런 초거대 담론의 한켠에서, 그는 이 저술을 하는 과정에서 느낀 개인적인 자기 만족감을 이야기한다. "예측하지 않은 가지가지의 새로운 분야와 신세계가 목전에 전개되었을 때 더욱이 현혹한 감과 황홀의 감을 금치 못하였다." 이것을 순진하다고 보아야 하는가? 대담한 것인가? 단순한 것인가? 지적인, 또는 정치적인 미숙인가? 심지어는 몰지성적인가? 자기만족에 빠진 젊은이의 유치한 몽상에 불과한 것인가? 사람에 따라, 입장에 따라 다른 의견이 있을 것이다. 한 가지 확실한 것은 지적인 작업의 수준이나 그가 내린 이른바 세계와 인류의 미래를 위한 처방들이, 그 당시 그 자신을 포함하여 한국 민족 나아가서는 전 세계가 처한 정신적인 상황을 상기하지 못한다면, 그리고 비록 단순할지라도 어려운 상황에서도 이상주의적인 전망을 버리지 않은, 혹은 못한, 젊은이의 뜻과 의지를 이해하지 못한다면 올바른 평가가 불가능하리라는 것이다. 헤겔은 그의 역사 철학에서 독일의 속담 하나를 인용하면서 그의 생각을 설명한다. "침실 시중을 드는 시종valet de chambre에게는 아무도 영웅이 아니다." 그야말로 속담俗談이다. 헤겔은 이렇게 말한다. "그것은 후자가 영웅이 아니기 때문이어서가 아니라 전자가 침실 시종이기 때문이다."

젊은 조영식의 소박한 지적 모험의 과정에서 한 가지 주목을 끄는 사실이 있다. 불확실한 혼란의 시기에 우리는 흔히 확실한,

혹은 그렇게 보이는, 기성의 체계에 의지한다. 그것이 종교적인 신앙이건 혹은 정치적인 이념이건 이미 수많은 사람이 추종하는 것이라면, 그리고 확실한 미래를 약속하는 것이라면 많은 사람들이 일단 그것에 의지하려 한다. 비록 세련된 논리적 구성이나 현란한 지식이 결여되어 있을지라도 조영식의 세계는 자기의 힘으로 자기가 아는 지식으로 자기의 뜻을 따르는 것일 뿐, 기존의 틀에 의존하지 않는다. 특히 그는 종교를 매우 존중하고 중요하게 생각하였지만 한 종교의 주어진 교리를 그대로 받아들이고 그것에 귀의하는 일은 없었다.

조영식이 다시 지적인 작업에 열중하기 시작한 것은 그때부터 20여 년이 지난 1970년대 초반이었다. 그러나 그 사이의 기간이 그의 사상적인 휴지 기간은 아니었다. 그 사이 그는 대학의 경영에 몰두하여 약관의 나이에 총장이 되었다. 사람들의 보는 관점에 따라 대학의 경영은 사업이고 생활의 일부이며 심지어 생계의 수단일 수도 있다. 그러나 조영식에게 학교는 사상의 연장이었다. 대학의 근본이 바로 세계이고 인류이기 때문이다. 그가 평생 추구해온 인류의 보편적인 가치들이 실현되는 새로운 세계를 구현하는 것은 무엇보다도 우선 대학에서 이루어져야 하는 일이기 때문이었다. 대학은 어떤 부족적인 사고나 닫혀 있는 신념 체계, "나만이 주인"이라는 생각에서 자유롭고, 인류 유산의 모든 것을 기억하면서 동시에 모든 것을 잊어야 하고, 모든 것을 존중하면서 동시에 모든 것을 의심하고 부정할 수 있는, 그래서 끊임없이 미래를 준비하는 모험적인 항해를 하는 큰 배와 같아야 하기 때문이다. 조영식은 당연히 자기 사상의 실현으로 대학을 생각했고, 그것은 오늘날까지 그가 이룩한 경희대학교의 정신으로 남아 있는 것이다.

어떤 사람들에게는 조영식의 기획들이 기행으로 보였을 수도 있다. 세계대학총장회의 개최, 인류사회재건연구원·국제평화연구소·평화복지대학원 설립, 세계평화의 날 제정, 세계시민 교과서의 편찬, 밝은사회운동 등 모두가 그 당시 한국의 사정으로는 상상하기 어려운 기획들이었기 때문에 이를 세속적인 성공을 이룩한 사람의 허영 혹은 무엇인가 잘못 계산된 명예의 추구 정도로 생각하기도 했을 것이다. 그러나 조영식에게는 그가 일생 동안 간직하고 추구해온 일의 연장에 불과했을 것이다. 학교가 어느 정도 궤도에 올랐을 때, 조영식은 다시 몇 가지 저술들을 선보였다. 『인류사회의 재건』, 『오토피아』 등이 그것이다. 그는 또 역사 철학이라고 볼 수 있는 자기류의 이론을 개발하여 소개하기도 했다. 그러나 중요한 것은 그런 책들에 담긴 구체적 내용이나 그가 내놓은 이론들이 아니고 그 근저에 있는 뜻과 이를 현실에서 펴고자 하는 의지라고 생각한다. 이 과정에서 조영식은 자기 인생의 어느 한 부분으로 '추구하면 이룰 수 있다'는 것을 배웠다.

조영식은 평소에 프랑스의 작가 생텍쥐페리의 경구를 즐겨 인용했다. "미래는 예측하는 것이 아니고 만드는 것이다." 세계를 새롭게 발견하는 것은 적어도 그것의 형성 과정에 의미 있게, 뜻이 이루어지도록 참여하는 것이다. 이것은 한민족이 잃어버린 것들에 대한, 즉 무능, 무의식, 무관심, 빼앗겨버린 기회 등에 대한 한의 반영이었는지도 모른다. 한민족들은 항상 자기에게 부여된 세계 속에서, 하나가 유실되면 또 다른 것이 밀려왔던 그런 세계 속에서만 살아왔다. 조영식의 뜻과 의지는, 세계 속에서 적극적으로 세계를 이룩하고 인류를 발견하는 데 능동적인 역할을 해야 하는 민족의 한에 뿌리가 있었는지도 모른다. 중화의 세계, 대일본제국의 세계, 미국의 세계, 혹은 북한의 반-세계 등이 아닌 우리의 이상과 구상, 설계로 이루어진 세계가 그의 뜻과 의지 그리고 실천이었다.

항상 젊은 시절의 뜻과 의지 속에서 살았기 때문인지 조영식은 나이가 들어도 늘 청년처럼 젊었다. 어쩌면 나이가 들수록 더욱 젊었는지 모른다.

• 후기

병마에 육신이 온전치 못하였어도 뜻과 의지는 여전하셨다. 조 총장님을 마지막 뵌 것은 병원의 접견실에서였다. 휠체어 위에서 불편한 몸을 가누시면서도 빨리 건강을 회복하실 터이니, 또 함께 일하자는 말씀을 힘주어 하셨다. 그때도 평소와 마찬가지로 노쇠한 노인의 인상은 없었다. 뵐 때마다 항상 느끼던 것처럼 새파랗게 젊으셨었다.

문화세계의 창조와 미도의 민주주의

김상준

평소 고 조영식 박사의 사상이 '탈냉전적post cold war'이라는 느낌을 갖고 있었던 차에 이번 복간된 『문화세계의 창조』는 그런 막연했던 느낌을 구체적으로 확인해주는 기회를 주었다. 몇 가지 점에서 신선하고 놀라운 발견이 있었다. 하나는 그의 탈냉전적 사고가 한국전쟁의 포연 한가운데서 발아했다는 사실, 두 번째는 그의 '문화세계'의 비전이 민주주의에 대한 특유한 전망과 깊게 연관되어 있다는 점이다. 조 박사의 '문화세계 창조'는, 아직 오지 않은, 또는 이제 도래할 민주주의라는 뜻의 '미도未到의 민주주의'라고 하는 주목할 만한 개념과 한 쌍이었다. 조 박사의 민주주의에 대한 비전이 '문화세계 창조'의 핵심 내용인 것이다.

왜 경희대 교시校是가 '문화세계의 창조'이고 교훈校訓이 '학원, 사상, 생활의 민주화'인지, 평소의 궁금증도 여기서 해소되었다. 그가 말하는 문화세계의 창조란 바로 지금 이곳에서 그 '미도의 민주주의'가 실현되는 것과 다르지 않다. 그렇다면 그 '미도未到'

란 미래 저 멀리 있는, 따라서 여기 현실에는 아직 없는 무엇이 아니다. 여기 이 학교, 그리고 이 학교에 몸담은 모든 성원들의 생각 속, 그리고 그들의 생활 속에서 이미 실현돼가고 있고, 또 실현해가야 하는 무엇이 된다.

1.

이 책의 '서설'은 "본서를 완성하기까지에 이른 경과"를 말하고 있다. 그 "구체적인 착상은 한국동란이 발발되기 약 2개월 전부터 개시"되었고 "본격적인 구상과 집필"은 전쟁 발발 후 충남 천안으로 "도피, 수난"하면서 "때로는 골방에서 때로는 심산계곡에서 임목과 바위틈에 참복하여" 포성과 폭격 소리를 들으며 썼다고 했다. 서울이 수복된 후(9·28 수복) 2개월간 "정리된 환경에서 마음을 활짝 펴고 집필을 계속"하였으나 다시 후퇴(1·4 후퇴)하여 부산에서 원고를 몽땅 일실逸失하는 "무어라 형용할 도리가 없는 천용지열天湧地裂(하늘이 끓고 땅이 갈라지는)"의 고통을 겪은 후, 다시 "모든 것을 버리고라도 내 목숨이 존속하는 동안은 이것을 꼭 완성하고서 죽겠다는 비장한 각오와 결의"로 "부산 일우一隅의 조그마한 골방"에서 다시 집필을 시작하여 3삭 만에 겨우 탈고하였다고 하였다.[1] 이 서설이 1951년 5월 18일 마친 것으로 되어 있으니, 재집필의 시작은 1951년 2월 중순쯤이 된다. 무엇이 30대 초반의 한 남자로 하여금 생명이 오락가락하는 그 무서운 전란의 한가운데에서 이 저서의 집필에 그토록 몰두하게 만들었던가? 무엇인가 비상한 사명감, 비전, 강박 또는 충동이 없었다면 생각하기 어려운 일이다. 칸트가 실천이성의 '진정한

---

1 조영식, 『문화세계의 창조』(2014년 복간본), 경희대학교 출판문화원, 10~11쪽.

충동echte Triebfeder'이라고 하였던 그 충동, 동력動力 말이다. 아래는 그것을 보여주는 대목이다.

> 필자는 해방 후(8·15) 2년간 북한 평양에서 소위 진보적 민주주의라고 하는 공산주의의 정치(소련 군정과 조선민주주의인민공화국 정치)를 맛보았고 월남하여 4년 유여를 남선 서울에서 미국식 민주주의 정치(미국 군정과 대한민국 정치)를 체험하였다. 이어 한국동란이 발발되자 서울서 탈출하여 충남 천안군 내 어느 시골에서 전시체제하의 괴뢰정치를 겪어보았고 9·28 이후 즉 제2차 서울을 탈취당했을 때에는 부산까지 피난하여 대한민국의 전시체제하의 정치를 맛보았다. 우연한 환경에서 소련과 미국을 역방하지 않아도 소련식 정치와 미국식 정치를 교량較量하여 그의 장단을 엿볼 기회가 있었고 또 동란으로 인해 민주주의 정치하의 전쟁 수행 방법을 감득함과 동시에 공산주의 정치하의 전쟁 수행 방법을 자견할 수 있었으므로 우리들의 나아갈 방향과 취하여야 할 정치의 입장이 어느 것인가 하는 것을 완전히 파촉把促할 수 있게 되었다. 이러한 **존귀한 체험**, 즉 2차 대전 이후부터 분명히 민주·공산이 2대 진영으로 분열되어 고조로 갈등해오던 정치 조류의 변천의 전모를 세계 정치의 실험장이며 각축장인 한국에서 목격하고 스스로 체험하고 사색함으로써 얻은 이 **존귀한 지식**이야말로 어찌 백만 장서에 비할 바 있으랴![2]

나는 과문한 까닭에, 한국전쟁의 처절했던 체험을 바로 그 전

---

2 같은 책, 9쪽, 강조는 인용자.

쟁의 한가운데서 "존귀한 체험" 또는 "존귀한 지식"이라 불렀던 이를 따로 알지 못한다. 그는 전쟁과 기아의 한가운데서 판타지아를 본 것이다. 영화 〈미션〉의 주제가가 바로 '넬라 판타지아 Nella Fantasia'가 아니었던가. 영화 속에서는 남미 원주민들이 스페인 군대에 도륙되는 그 순간, '넬라 판타지아'가 잔잔하게 깔린다. 이 영화를 본 사람들은 모두 느꼈겠지만, 뭐라 형언하기 어려운 감동과 쓰라림이 몰려오는 순간이다.

그가 보았던 판타지아, 그것은 소련식 민주주의와 미국식 민주주의를 넘어서는 미도未到의 민주주의였다. 그것이 "무장된 전쟁국가가 아니고 또는 강압과 폭력에 의한 독재국가가 아"닌 "문화세계를 건설하는 길"이었다.[3] 그는 『문화세계의 창조』 본문에서 미국식 민주주의를 부르주아 민주주의 또는 정치적 민주주의라 부르고, 소련식 민주주의를 프롤레타리아 민주주의 또는 경제적 민주주의라고 부른다. 이 양자를 지양하여 새롭게 도달할 민주주의를 '미도의 민주주의'라 했다.

내가 평소 조 박사의 정치사상이 탈냉전적이라고 보았던 직관은 여기서 풀렸다. 나는 그것을 막연하게 후일 고르바초프의 탈냉전 사유와 매우 흡사해 보인다고 생각했었다. 그것을 시대를 앞서, 그것도 한반도와 같이 냉전적 강압이 지극히 컸던 곳에서 제시했다는 데 평가할 점이 있다고 보았다. 그러나 그 사유의 단초가 그렇듯 일찍, 그것도 바로 한국전쟁의 포연 한가운데서 생성되었다는 사실은 이번에 새롭게 알게 되었다. '전쟁국가'와 '독재국가'가 정면으로 격렬하게 충돌하는 바로 그 시점, 그 현장에서, 그 현실을 넘어서는 모종의 세계를 그려보았던 것이다. 아니 그의 시야에 판타지아로 떠올랐던 것이다. 그러니 "내 목숨이 존

3 같은 책, 10쪽.

속하는 동안은 이것을 꼭 완성하고서 죽겠다는 비장한 각오와 결의"로 책을 쓰지 않을 수 없었을 것이다.

2.

'미도의 민주주의'라는 말에는 흥미진진한 역사가 숨겨져 있다. 이 말 때문에 조 박사가 '보안법'으로 구속되었던 일이다. 1955년 7월 31일 벌어진 사건이었다. 이 '필화사건'은 당시 『동아일보』, 『경향신문』 등의 매체에 여러 차례 크게 보도된 바 있다. 조 박사를 구속했던 '치안국'이 문제 삼았다는 문제의 구절은 어떤 것이었을까.

> 신시대의 진리는 무엇인가. '이브[4] 레닌'은 '카우츠키'의 민주주의관을 비판하는 가운데에서 '민주주의는 변증법적 발전 과정에 의하여 이렇게 발전한다. 즉 전제정치로부터 부르주아 민주주의에로 부르주아 민주주의에서부터 프롤레타리아의 민주주의에로 프롤레타리아의 민주주의에서 아무것도 없는 민주주의에로'라고 말하였는데 현재 프롤레타리아의 민주주의까지는 도달하였다고 볼 것이라면 '아무것도 없는 민주주의'라고 한 그 **미도未到의 민주주의** 사회는 과연 어떠한 것을 의미한 것일까.
>
> 즉 그 민주주의 사회라는 것은 민주주의의 완성된 형식의 사회를 의미한 것으로 추정되며 그야말로 진정한 민주주의요 극도로 문화문명이 발달된 사회를 지칭하였다고 믿는데 (……) 우리가 맞이할 다음의 세계라는 것은 레닌의 말과 같

4 I. V., 일리치 블라디미르의 약자.

> 이 아무것도 없는 민주주의 사회 즉 완성된 고도 문화국가 사회라는 것이 자명해지게 되는 것이다.[5]

이 대목 전부를 길게 인용하여 보도한 『경향신문』 8월 5일자 기사 제목은 '보안법에 걸린 대학교재'다. 조 박사는 이 책을 강의교재로 사용하고 있었던 모양이다. 당시 조 박사의 보안법 위반 구속은 상당한 사회적 반향을 일으켰던 것으로 보인다. 『동아일보』 8월 7일자 보도는 '조씨 신흥대학장 저서사건과 학계 반향 "학문자유에 위협… 이제 와서 문제됨은 이해 難"'이라는 제목 아래 다음과 같이 쓰고 있다.

> 신흥대학 총장 조영식 씨의 저서 『문화세계의 창조』가 수사대상으로 등장한 사건은 학계에 커다란 파문을 던지고 있다. 즉 학자에게서 학문의 자유와 언론의 자유를 박탈할 수 있느냐 하는 문제와 또 이미 2년 전에 발행되어 당시에 하등의 말썽이 없던 문제를 2년 후인 오늘날 새삼스럽게 되풀이 한다는 것이 과연 타당한 일인가 하는 등 비판이 대두되고 있는데 더욱이 그 내용이 (……) 결코 공산주의를 찬양한 것이 아님에도 문제화되었다는 학계 일부의 견해로 자못 시비가 벌어지고 있는 것이다.

결국 조 박사는 무혐의로 석방되었고, 이 책은 당시 교재로 계속 쓰였으며, 이제 복간본으로 거듭 출판되기에 이르렀다. 이제 이미 오래전 '무혐의'로 '석방'되어 자유의 몸이 된 '미도의 민주주의'인 만큼, 이 자리에서 그에 관해 좀 더 자세히 알아본다고

---

5 같은 책, 158~159쪽, 강조는 인용자.

하여, 우리의 자유가 다시금 위협받거나 또다시 구속될 이유는 없을 것이라 믿어본다.

조 박사는 문화세계의 이념을 '문화적 복리주의'로 집약하는데(『문화세계의 창조』 제2부), 그 문화적 복리주의란 바로 '진정한 민주주의'에 다름 아니라고 말한다.[6] 앞서 보았듯 조 박사가 말하는 '진정한 민주주의'란 '미도의 민주주의'와 같은 말이다. 그것은 "정치적 민주주의와 경제적 민주주의에서 지양된 민주주의"[7]이며, "과학을 위주하며 문화를 본위로 하는 민주주의"이고, "인권을 무시하지 않고 야만적 폭력 수단과 행위를 일절 배격하여 순화 융합된 지향에의 민주주의"[8]이기도 하다. 이러한 민주주의가 이루어진 '문화사회'는 어떠한가.

> 두 개의 세계가 아니라 하나의 세계이므로 대립이 없고 분열이 없는 사회이므로 동시에 계급이 없는 사회이다. 따라서 계급이 없는 만큼 억압 굴종 착취가 없을 것이니 그야말로 만민 공생의 자유 평등 공영의 국가가 될 것이다. 여기에는 상호 침략이 없을 것이니 무기 제조도 중지될 것이요 따라서 경제력이 집중될 방향은 전쟁의 준비가 아니라 문화시설과 문화발달과 과학진흥에도 집결할 것이며 인간의 정력 소모와 노력의 방향은 재권財權의 추구에서 전환되어 문화발전의 최고도를 기하여 최대한의 인류복지를 달성하는 데로 총집결될 것이다.[9]

---

6 같은 책, 173쪽.

7 같은 책, 169쪽.

8 같은 책, 160쪽.

9 같은 책, 160~161쪽.

너무나 비현실적이라 할 것인가. 더욱이 눈앞에 참혹한 전쟁을 목도하고 있는 마당에 그 현실을 전혀 도외시한, 따라서 전혀 무가치한, 망상·공상·환상에 불과한 것이라 할 것인가. 그렇다. 분명히 너무나 극적인 대조다. 그러나 그렇듯 아주 극적인 대조이기 때문에 여기에서 오히려 더욱 강렬한 무엇을 감촉하게 된다. 그것은 과연 무엇일까.

'문화세계'의 상像에 대한 조 박사의 서술들은 그가 마치 눈앞에 생생히 바라보고 있는 어떤 강렬한 시각적 이미지들을 옮겨놓고 있다는 느낌을 준다. 눈앞의 전쟁 통의 현실은 분명 현실이지만, 그 현실을 오히려 네거티브 필름처럼 보고 있는 듯하다. 무언가가 뒤집어진 현실로 보고 있는 것이다. 동시에 그의 판타지아는 그 뒤집어진 것을 바로 세워놓은 이미지가 된다. 새까만 네거티브 필름을 보면서 동시에 그 속에서 이를 현상한 포지티브 이미지를 본다. 무슨 괴상한 말장난을 하는 것이 아니다. 사진작가라면 모두가 알고 있는 사실이다. 그래서 조 박사는 전쟁의 처참한 상황 속에서 '미도의 민주주의'를, 그의 판타지아를, 생생히 눈앞에 보고 있는 것처럼 말하고 있는 것 아닐까.

그렇다면 과연 그 판타지아가 전혀 현실이 아니라고 말할 수 있을까? 그렇듯 생생하게 보고 있는 눈앞의 이미지는 과연 전혀 현실이 아닌 것, 현실과는 전혀 무관한 것일까? 그런 식으로 말한다면, 조 박사처럼 현실의 상像을 네거티브 필름으로 보는 사람들은, 그 네거티브 필름의 상像이야말로 진정한 현실이 아니라고 말하지 않을까?

조 박사는 그의 심상에 떠오른 판타지아를 '미도未到의 민주주의'라고 했다. 미도란 아직 이르지 않았다는 말이다. 미도라는 말 자체는 미래, 즉 아직 오지 않은 것을 말한다. 그러나 미래처럼 반드시 오는 것이기도 하다. 어쨌거나 그렇다면 여기 지금 현실에는 아직 도착해 있지 않은 무엇이다. 그래서 지금 여기 현실에는 아직 없다. 문자 해석만으로는 그렇다. 그러나 나는 그것을 조금 더 적극적으로 생각해보고 싶다. 조 박사가 뜻하는 바에 이보다 더 깊은 무엇이 있는 것으로 보이기 때문이다.

'아직 미未'는 '아니 불不'과 같은 뜻처럼 보이지만 실은 큰 차이가 있다. '아직 미未'는 '아직은'이지만 '반드시'를 포함하고, 어떤 경우에는 '이미'보다 실재성이 더욱 강한 뜻도 갖는다. 이것을 잘 보여주는 말이 『중용中庸』에 등장하는 유명한 '미발未發'이다. "희로애락의 미발이 천하의 바탕"이라고 하는 대목이다. 여기서 미발은 오히려 천하, 세계의 중심이요 바탕이 되고 있다. 희로애락이 아직 터지지 않은(미발) 상태가 희로애락이 터진(이발已發) 상태보다 더욱 본원적fundamental이다. 여기서 이발과 미발은 모두가 현실이다. 그러나 미발이 오히려 더욱 깊은 현실, 현실의 바탕, 현실의 중심이 된다.

조 박사는 '대립'과 '분열'이 극단적으로 이미 발한[已發] 현실을 눈앞에 보면서 동시에 그 안에서 그것이 아직 발하지 않은[未發], '두 개의 세계'가 아닌 '하나의 세계'를 보았던 것이고, 그것을 또 하나의 생생한 현실로 느꼈던 것이 아닌가 한다. 그렇다. 둘이 하나보다 먼저일 수 없다. 조 박사가 보았던 '하나'는 '둘'보다 오히려 먼저 도착해 있었던[未發] 것 아닐까? 난 그의 '미도未到'를 그렇게, '미발未發'의 뜻으로 읽는다.

먼저 도착해 존재하고 있는 그것을 조 박사는 교육 속에서 우선 구현하려고 했다. 그래서 경희대의 교시가 '문화세계의 창조'가 되었고, 교훈이 '민주화'가 되었던 것임이 분명하다. 시인 예이츠Yeats가 노래했듯, "교육이란 텅 빈 물통을 채우는 일이 아니라, 심지의 불을 밝혀주는 것이다Education is not the filling of a pail, but the lightening of a fire." 인간의 마음 안에 밝게 비추려는 심지가 먼저 있기에[未發] 여기에 불을 붙여줄 수 있다. 『대학大學』에도 꼭 같은 구절이 있다. "大學之道 在明明德." 대학의 정신이란 마음 안에 이미 있되, 아직 발하지 않은[未發] 밝은 심지, 즉 명덕明德을 밝혀 주는[明] 데 있다.

비단 교육만이 아니다. 조 박사가 예견했던 '부르주아 민주주의와 프롤레타리아 민주주의 너머의 민주주의'에 대한 진지한 시도가 21세기 현실에서 더욱 활발해지고 있다. 동구권 붕괴 이후 영원할 것 같던 미국 일극주의의 전성기는 불과 10년이었다. 붕괴된 소비에트 체제의 현실이 '프롤레타리아 민주주의'가 한낱 소수를 위한 독재였음을 일깨워주었던 것처럼, 거품과 탐욕으로 가득 찬 카지노 금융체제의 연이은 동요와 붕괴는 '부르주아 민주주의' 역시 또 하나의 거대한 독재일 수 있음을 알려주었다. 과연 우리는 '독재국가'와 '전쟁국가'의 대립과 충돌 속에서 반드시 그 너머를 보아야만 했다. 그것이 『문화세계의 창조』와 '미도의 민주주의'를 통해 조 박사가 우리에게 일찍이 가르쳐준 것이다. 오늘날 우리는 이제 조 박사가 말한 '진정한 민주주의'에 대한 학문적 탐구와 제도적 실험이 세계 각처에서 오히려 뜨거워지고 있음을 목도하고 있다.

끝으로, 사족이 되겠지만 '미도의 민주주의'라는 말에 필자가 특히 놀라고 또 흥미를 가지지 않을 수 없었던 지극히 개인적인 이유 하나를 여기서 밝혀두지 않을 수 없다. 그것은 2009년 필자가 근 10년의 고민과 모색 끝에 출간했던 책의 제목이 『미지未知의 민주주의』였기 때문이다. '미도의 민주주의'와 '미지의 민주주의'는 너무나 흡사한 말이다. 그러니 어찌 놀라지 않을 수 있었겠는가. 내용을 볼 때도 그 취지가 근본에서 가까이 닿아 있음을 느낀다. 그렇게 될 수밖에 없었던 것은, 필자의 졸저 역시 21세기 들어 분명해진 '프롤레타리아 민주주의'와 '부르주아 민주주의'의 한계에 대한 인식, 그리고 그 너머에 대한 모색에 다름 아니었다고 말할 수 있기 때문이다. 조 박사가 1950~1951년 사이, 한국전쟁의 한가운데서 눈앞에 생생히 보고 고민했던 문제를, 느려터진 필자는 50여 년의 세월이 지나고 난 후에야 비로소 깨달아 이를 부여잡고 끙끙대고 있었던 셈이다. 이러한 대칭을 발견하는 것은 물론 기쁜 일이다. 그러나 한 가지 걱정도 생겼다. '미도의 민주주의'와 '미지의 민주주의', 이렇게 말까지 너무나 흡사하다 보니, 혹시 이번엔 내가 '필화사건'이 아니라 '표절시비'에 휘말릴까 아찔한 마음이 드는 것이다. 그러나 고백하건대, 내가 이 책의 존재를 듣고는 있었지만, 이를 제대로 읽어 '미도의 민주주의'라는 말을 발견하고, 더불어 바로 그 말이 조 박사의 '필화사건'의 원인이 되었다는 것을 알기는 이번이 처음이다. 이 부끄러운 고백에 대해서 조 박사께서 넉넉히 웃어주실 것으로 안다. 더하여 "이제 알았지, 김 교수? 그거 이미 내가 다 했던 말이야" 라고 붙이실 음성도 생생히 듣는 듯하다. 과연 미도는 이미 도착해 여기에 있다.

거대사적 관점에서 본 문화세계의 창조
– 문명융합의 회로, WWW

김민웅

1. 문화세계의 창조, 무엇을 돌파하고 이루고자 했는가?

인간에게 역경은 좌절과 쇠락의 계기가 되기도 하지만, 그 반대로 창조적 응전의 기회를 주기도 한다. 이를 이루어내는 과정은 고통스럽지만, 그와 같은 현실을 도리어 미래를 여는 능력으로 전환시키는 존재와 사회는 문명의 새로운 주역으로 나설 수 있다. 아놀드 토인비가 그의 『역사의 연구*A Study of History*』에서 "역경의 미덕과 효력The Virtues of Adversity"[1]이라는 역설적 개념을 세운 까닭도 바로 이 때문이다. 역경은 고될지라도, 무의미하거나 악덕이 아닐 수 있다는 것이다.

그런데 문제는 언제나 그 "주체의 의식과 의지"에 있다. 이것

1 Arnold J. Toynbee, *A Study of History*, Del Publishing Co.(New York, 1969), pp. 103~111.

이 상황의 제약을 돌파하는 운동력과 그 이후의 목표에 대한 방향성을 갖지 못하면 인간의 미래를 더욱 낫게 만드는 작업은 당연히 곤란해진다. 시대적 고통이 깊고 길어지면, 인간은 자칫 그러한 일상에 길들여져 희망을 일구어낼 자신감을 상실하게 된다. 그리고 각자 제 살길을 찾는 이기적인 선택에 갇혀 인간과 인간 사이의 협력과 공동의 노력에 대한 기대를 접게 될 수 있다. 따라서 위기나 고난이 닥쳤을 때, 더욱 중요한 문제의 본질은 이 위기와 고난의 내용이라기보다는, 이에 대응하는 인간과 사회의 위기에 있다 할 것이다. 결국 인간을 바로 세우는 것이 역사를 새롭게 일으켜나가는 원동력의 근본이다.

1951년 출간된 바 있는 『문화세계의 창조』에 체계화된 미원 조영식 박사의 관심도 바로 이 지점에 집중되어 있다. 이 저서는 1921년생인 그가 이제 갓 30세가 되었던 청년의 시기에 몰두한 성찰의 결과물이다. 이보다 앞선 1948년에 27세의 그가 펴낸 『민주주의 자유론』이 공공선을 위한 자유와 상호부조, 또는 상호협력적 세계에 대한 사상과 철학의 입지를 정리한 저작이라면,[2] 『문화세계의 창조』는 이를 현실에서 실천적으로 이루어낼 수 있는 경로를 탐색해나간 작업이다. 이러한 성찰의 여정을 통해 청년 조영식은 일제 식민지 체제 아래 "각성된 주체적 인간"으로 자신을 형성할 기회를 갖지 못한 조선인들의 의식과 의지를 바로잡지 못하면, 해방정국의 혼란과 한국전쟁의 비극에 처한 현실을 돌파해나가는 힘을 갖지 못한다고 본 것이다. 이것은 "운명의 필연성"이라는 생각이나 믿음, 현실의 조건에 굴복하는 숙명적 세계관과의 치열한 격투다.

그래서 그는 "신이 인간사회를 만든 것이 아니라 인간이 사회

2 조영식, 『민주주의 자유론』(1948년 출간본), 110~117쪽.

를 형성한 것이며, 또 인간은 그 속에서 육성되고 있고 신이 인간에게 어떤 필연적인 운명을 준 것이 아니라 인간 자신이 그때그때의 일에 부닥쳐 두 길 중 어느 일방을 의사 선택하여 자기의 운명을 결정하는 것"[3]이라며, "자율적 인간, 창조적 인간, 건설하는 인간"[4]을 역사의 중심에 놓는다. 바로 여기에서, 현실Sein에 기초해서 이루어져야 할 미래의 당위Sollen를 향한 "의식의 지도성"[5]이라는 개념이 창출된다. 이것은 조영식의 역사관에 운동의 중심 에너지가 되는 원칙이다.

그런데 인간을 이런 식으로만 규정할 경우 생산적 역량에만 주목하고 개인적 품성이나 지향점은 분명하지 못하게 된다. 그런 까닭에 그에게는 양심과 윤리의 문제가 인간 규정에 핵심적 관선으로 등장하며, 이를 사회적으로 관철해나가는 것을 인류적 차원의 임무로 보았다. 그러기에 그는 아인슈타인이 말한 "창조적이며 인정미가 가득한 관용적 인간"[6]을 주시하면서, 타자의 고통을 자신의 고통으로 여기는 존재의 가치[7]를 강조했다. 이것이 개인적 자유를 넘어서서 서로 함께 협력하는 적극적 자유를 기반으로, 인류의 평화와 공영을 누리는 문명을 만들어가는 핵심 주체의 모습이라고 하겠다. 그에게 평화는 파괴로 치달아온 인류 문명의 방향을 전면 수정하는 것이며,[8] 공영은 자본의 전제專制로 기울기 쉬운 자유주의의 모순과 계급독재를 정당화하는 현

---

3 조영식, 『문화세계의 창조』(2014년 복간본), 경희대학교 출판문화원, 30쪽.

4 같은 책, 26쪽.

5 같은 책, 148쪽. 이는 이후 그의 『오토피아(Oughtopia)』로 집대성된다. 경희대학교 출판국, 1979년.

6 같은 책, 32쪽.

7 같은 책, 32쪽. "타인의 손실 중에서 자신의 손실을 느끼는 인간" 참고.

8 같은 책, 226쪽. "진실로 인류의 역사는 발전의 역사가 아니라 파괴의 역사요 인류문화는 인간의 복리건설을 위한 문화가 아니라 전쟁 문화인 것이다."

실 사회주의를 교정하는 원리가 된다.[9]

그의 "문화혁명론"[10]은, 이러한 인식을 전제로 해서 변혁을 위한 과정에서 자칫 빠질 수 있는 주장의 극단성과 물리적 폭력을 막고 법과 교육, 그리고 민주주의적 실천을 주축으로 하는 사회 변화의 기획이다. 이를 바탕으로 인간의 자유와 평등, 그리고 평화와 공영의 미래를 만들어가는 것이 곧 "문화세계의 창조"가 된다. 이것은 무엇보다도 특권적 계급이 아닌 보편적 "인민대중의 권리와 복리"를 위한 것이어야 하며, 특정 민족이나 국가가 아니라 인류 전체의 삶을 위한 것이어야 한다.[11] 이것이 바로 그의 "문화 복리주의"의 내용이며, 이는 "인류 전체의 역량을 집중"[12]하는 과제가 된다. 이렇게 보자면, 그의 "문화세계"라는 개념은 인류 문명의 기본적인 방향성을 담아내고 있으며, "창조"는 각성된 한 개인의 행위를 넘어서서 그러한 주체와 주체의 협력적 운동의 생성을 의미하게 된다.

다시 압축해서 정리해보자면, 청년 조영식은 지난 시기 우리 민족이 겪어온 역사의 고통과 비극을 새로운 문명 건설에 봉사하는 창조적 에너지로 전환하기 위한 방법을 강구하였으며, 그로써 이루어질 세계의 미래상을 구체적으로 밝혀나갔던 것이다. 여기에는 "세계정부"라는, 당대의 민족주의 위주의 발상을 넘는 구상까지 포함되어 있으며, 물질의 힘과 폭력을 앞세우는 문명이 인간의 삶을 주도하게 될 경우 인류문명이 조만간 직면하게

---

9 같은 책, 117쪽. "공영 없는 자유 평등은 일종의 허위적 기만적 민주주의의 보장이지 이 공영을 무시한 민주주의는 진정으로 우리들의 욕구를 만족시켜 줄 수는 없을 것이다."

10 같은 책, 252쪽. "문화혁명은 법률 조직에 의해 개혁되는 혁명이므로 (……) 이를 가능하게 하기 위해서는 먼저 국민의 지적 수준을 높임과(교육으로) 동시에 민주주의를 이해하고 인식하며 또한 실천할 수 있도록 토대를 만든다."

11 같은 책, 258~260쪽.

12 같은 책, 258쪽.

될 위기에 대한 예언자적 긴장감도 깊이 의식되고 있다.

결국 그가 돌파하고자 했던 것은 인간의 위기, 문명의 위기였으며, 그가 이루고자 했던 것은 참다운 인간이 살아갈 수 있는 참다운 세상이었다. 그러기에 "사회가 어떻게 변하든지, 시대가 얼마나 흘렀던지 간에 항상 옳은 양심을 만들기 위해서는 옳고 보편타당한 사회를 만들지 않으면 안 되겠다"[13]라고 말했던 것이다. 이렇게 되지 못하면 참다운 인간, 양심과 윤리를 가진 인간이 살아가는 것은 너무도 괴로워지기 때문이다. 조영식은 바로 이러한 시대적 통증을 자신의 내면에 체화하여, 그러한 고통에서 해방된 주체로서의 행복을 인류적 차원에서 관철하려는 의식과 의지를 품었다. 그는 참담하기 짝이 없던 전쟁이라는 시대적 비극과 민속 전체의 절망이라는 역경의 압박에 무릎을 꿇지 않았다. 한 시대가 겪고 있는 고통을 자기의 정신과 몸에 고스란히 흡수하고 그 고통을 해결할 대안의 가치와 사회를 향한 운동에 나섰던 것이다.

2. 거대사의 통찰

그렇다면, 이제 그의 이러한 사상과 비전, 그리고 역사관을 거대사Big History의 관점에서 조명한다는 것은 무엇을 의미하는가? 또는 과연 그럴 필요가 있는 것인가? 이에 대한 대답을 정리해나가기 전에 우선 거대사가 도대체 무엇인지, 그리고 이러한 역사 인식은 우리에게 무엇을 일깨워주는지를 살펴보자.

『시간의 지도 *Maps of Time*』[14]라는 저작을 통해 거대사의 일반구조

13 같은 책, 40쪽.

14 David Christian, *Maps of Time*, University of California(2005).

를 체계화한 데이비드 크리스천은 본래 러시아, 중앙아시아, 그리고 몽골 지역의 연구자이다.[15] 연구의 특성상 그는 각기 독자적으로 등장한 문명의 체계가 어떻게 서로 그물망처럼 얽혀 융합적인 문명으로 진화해나가는지가 관심사였다. 이러한 연구는 『서구의 등장*The Rise of the West*』을 통해서, 인류공동체의 문명사적 기반을 체계화해나간 윌리엄 맥닐[16]의 연구에 힘입은 바 크다. 윌리엄 맥닐은 아놀드 토인비의 제자로서, 한 민족국가의 역사는 그 자체로서가 아니라 세계사 전체의 유기적 맥락을 통해 이해할 때 비로소 그 진상이 드러난다는 토인비의 연구방식[17]을 계승하여 인류사적 관점을 확립해나간 역사학자다.

이 연구방식은 그 단위가 인류공동체로 거대 규모라는 특징과 함께, 연구 대상의 문명사적 기간이 짧게는 100년, 길게는 5천 년에서 6천 년 또는 1만 년 단위가 된다는 점에서 이전 연구의 익숙한 흐름과는 달리하게 된다. 개별 민족사를 넘어서는 인류 문명사라는 점에서 그렇고, 시간의 단위도 훗날 페르낭 브로델이 강조한 "장기longue dure"의 관점[18]이 이미 예견되는 역사학적 접근이라고 하겠다. 그런데 데이비드 크리스천의 '거대사'는 이와 같은 시간 개념을 훌쩍 뛰어넘는 대담성을 보인다. 그것은 인류의 등장 이후의 역사만이 아니라, 우주의 생성사까지 포함하는 무려 140억 년의 시간을 담아낸 것이다. 그는 이를 "현대의 창세기modern creation myth"[19]라는 관점을 가지고 자연과 인간의 보편사

---

15 David Christian, *A History of Russia: Central Asia and Mongolia*, Blackwell Publishing (1998).

16 William H. McNeill, *The Rise of the West*, University of Chicago Press(1963).

17 Arnold Toynbee, op. cit., pp. 15~27.

18 Fernand Braudel, *Civilization&Capitalism*, 15th–18th Century I/II/III, University of California Press(1992).

19 David Christian, op. cit., p. 5.

를 총망라해서 체계화시키겠다는 웅대한 프로젝트를 제시한다.

이제는 많이 알려진 것처럼, 거대사는 우주의 최초 탄생 사건인 빅뱅Big Bang으로부터 시작해서 태양과 기타 행성의 출현, 지구의 탄생과 인류의 등장, 문명의 형성사를 큰 흐름으로 정리해나간다. 윌리엄 맥닐도 이러한 역사적 접근의 변화를 옹호하면서, 그간의 역사 연구는 문자로 기록되지 않은 선사시대의 역사와 인간이 살아가는 자연조건이 만들어온 역사에 제대로 관심을 기울이지 않았다고 비판했다.[20] 이러한 그의 논지는 인간이 지금까지 생존하면서 문명을 일구어온 기본 토대에 대한 지식이 대단히 부족하다는 일깨움이자, 자연의 보편사와 결합되지 않은 인류사의 이해는 우리의 미래에 대한 전망을 바로 세우기 어렵다는 인식을 보인 것이다. 이제 우리는 우주Universe 자체의 역사에서부터 시작해서 우리 인간의 문제를 바라봐야 한다는 주장이다.

데이비드 크리스천은 이러한 논리 위에, 천문학의 연구 성과를 비롯해서 생물학, 화학, 물리학 등 자연과학 전반과 기존의 역사학의 체계를 결합시켜 우주 전체의 진화과정과 이 와중에 펼쳐진 인류의 삶까지 포괄하는 '거대사'를 체계화해내었다. 이 글에서는 지면 사정상 거대사의 내용을 구체적으로 거론하기는 어렵기 때문에 그 핵심적 통찰을 몇 가지 정리해보고자 한다. 이 내용들은 데이비드 크리스천의 『시간의 지도』와 『세계사의 새로운 대안, 거대사*This Fleeting World*』[21]를 비롯해서, 데이비드 크리스천과는 독자적으로 거대사 연구를 한 신시아 브라운,[22] 그리고 거대사의 이론을 체계화한 프레드 스피어[23] 등의 저작을 중심으로

---

20 David Christian, op. cit., Foreword, p. xvi.

21 데이비드 크리스천, 『세계사의 새로운 대안, 거대사』, 김서형·김용우 옮김, 서해문집, 2009년.

22 신시아 브라운, 『빅 히스토리』, 이근영 옮김, 프레시안북, 2009년.

23 Fred Spier, *Big History and the Future of Humanity*, Wiley-Blackwell(2011).

뽑아 따로 주석을 붙이지 않는다.

① 최초의 시작은 아주 작고 단순한 것이었다.

빅뱅으로 가설화된 우주 탄생 이전의 현실은 점과 같은 아주 작은 규모이나 대단히 무겁고 엄청난 에너지가 담긴 물질, 또는 존재가 전제된다. 이것은 이후 "복잡계complexity"가 증가하는 방향으로 우주의 진화, 생물체의 진화가 이루어지는 것을 의미하게 된다. 상황의 변화에 대처하는 복잡계의 구조와 기능을 만들어내는 데 실패한 존재는 더 이상 살아남지 못하게 된다. 이것은 인류문명의 탄생과 해체에도 적용되는 개념이 된다. 그리고 그 과정은 단지 기능의 진화를 넘어서 그 기능이 발휘될 수 있는 질서의 창조까지를 포함한다.

② 빅뱅 이후 생성된 물체는 각기 매우 자유롭게 운동하면서, 서로에게 영향을 미쳐 새로운 물체나 질서로 변형돼간다.

이것은 모두가 모두에게 영향을 주고받는 상황으로, 무질서해보이지만 그 과정에서 가령 행성의 궤도, 형태, 그리고 물체와 물체 간의 관계와 구조, 질서 같은 것들이 생성돼간다. 이는 이후 인간을 비롯해 일체의 생명체가 살아가는 데 기본 조건을 형성하는, 엄청나게 길고 긴 시간의 과정을 담고 있다. 이 시간 동안 이루어지는 운동은 자기 증식, 결합, 분리, 변모, 돌연변이, 진화 등의 여러 방식으로 복잡계의 기본을 만들어간다.

예를 들자면, 이 기간에 형성된 우주의 질서가 우리에게 낮과 밤을 만들고 계절을 가져다주며, 생화학적 구조를 생성함으로써 생태계의 기초를 형성한다. 짧게는 수십만 년, 길게는 수십억 년 이상 전개되는 운동은 그 해당 시기의 관점에서 보면 무의미해 보이나, 이후 펼쳐지는 생명의 기본조건이라는 각도에서 주목하면, 이 모두가 다 매우 필요한 과정과 작업이었음을 알게 된다. 그러나 이는 조건이기도 하고 제약이기도 할 수 있다는 점에 주목해야 한다.

③ 우주와 생명체의 진화에는 "임계국면threshold phase"이 있다.

다소 어려울 수 있는 개념이기는 하나, 이는 대나무의 마디를 생각하면 쉽게 이해할 수 있다. 빅뱅, 우주의 형성, 태양과 지구의 탄생, 대륙과 바다의 관계 형성, 물체와 물체 간의 관계를 만들어가는 화학구조의 등장, 생명체의 출현 등 각 시기마다 새로운 운동의 집중이 일어나는 단계가 있다는 뜻이다. 그리고 이 단계가 정점에 이르면 다음 단계로 넘어가게 된다. 이 전환의 지점이 "임계국면"이다. 대나무로 비유하긴 했으나 대나무와 다른 점은, 그 마디 이후의 줄기는 이전의 대나무 줄기와는 다른 형태나 존재가 된다는 것이다. 이와 같은 국면의 변화는, 전 단계의 운동이 있지 않으면 다음 단계의 운동이 가능하지 않다는 것을 말해준다. 문명사에 적용해본다면, 지중해를 석권한 로마의 성장이 없이는 헬레니즘 세계를 장악하는 이후의 세계사가 가능하지 않고, 한漢 제국의 팽창과 중앙아시아 제국의 융합이 없고서는 실크로드로 연결되는 문명사를 생각할 수 없는 것이다.

④ 복잡계의 진화는 그물망Web의 형성으로 팽창해나간다.

태양과 지구의 그물망은 우주의 궤도 가운데 하나이며, 동식물의 관계 역시 그러한 그물망의 관련을 통해 복잡계의 생성과 진화를 만들어나간다. 문명사 역시 이러한 그물망을 통해 문명의 교류와 융합이 가능해지며, 그것이 바로 인류공동체의 기초이자 현장이 된다. 모든 생명체는 바로 이 그물망의 구조와 관계 및 운동력이 제대로 되어 있을 때 생존을 기대할 수 있으며, 이것이

교란당하거나 파괴되면 쇠퇴하고 소멸한다. 이 그물망은 물질, 생명, 에너지가 서로 조화를 이루면서 살아갈 수 있는 "최적의 원칙Goldilocks Principle"을 지향하게 되어 있다. 이를 "골디락스의 원칙"이라고 부른 까닭은 산 속에서 곰들이 사는 집에 우연히 들어가게 된 소녀 골디락스가, 자신에게 가장 알맞은 그릇을 고르는 장면을 따와 이름을 붙였기 때문이다.

여기서 그물망의 개념은 생태계의 조건을 의미하게 되는데, 이는 거대사의 분석이 총괄적이며 체계적이고 종합적인 것을 뜻한다. 어느 현상이나 존재를 파악할 때 그 구성요소가 되는 부분을 하나하나 분석하고 그걸 모으면 전체가 보이는 방식이 아니라, 전체 안에서 부분의 기능과 의미를 이해하는 방식이 된다. 생명과학의 발전을 주목해온 프리초프 카프라의 경우, 바로 그 생명과학이 거쳐 온 사고의 과정이 결국 생명의 그물망 전체를 파악하는 체계분석 또는 체계사유Systems thinking라는 점을 주목한다.[24] 이 개념은 거대사의 관점으로 그물망의 발전과정을 이해하는데 도움이 된다.

⑤ 우연과 필연, 그리고 의지의 문제: 우주 또는 자연계의 최초의 운동은 우연적이나 일단 궤도나 질서, 구조가 만들어지면 그것은 필연이 된다. 각 물체와 생명체는 각기 따르게 되는 그 자신 고유의 운동법칙이 존재하기 때문이다. 그런데 오로지 인간 문명의 경우에는 의지가 의식과 결합되어 우연과 필연을 초월하는 운동력을 갖게 된다는 점이 주목된다. 물론 그 운동력이 무제한적인 것은 아니나 제한을 일정하게 넘어설 수 있는 힘이 있다는 것은 분명하다.

---

24 Fritjof Capra, *The Web of Life*, Anchor Books(New York, 1995), p. 29.

이것은 미래를 내다보고 그에 대해 대비할 수 있는 능력을 인간만이 가지고 있다는 점에서, 이 의지가 어떻게 문명의 발전과 결합되는가는 매우 중대한 과제가 된다. 그런데 지금까지의 거대사는 이러한 의지와 의식의 문제를 중요한 주제로 삼고 있지 않았다는 한계를 지니고 있다. 이러한 발상은 도리어 선사시대와 이후의 역사에 깊이 주목했던 고든 차일드[25]의 경우 더욱 강력하게 주장했다는 점에서 거대사가 보완해나가야 할 대목이라고 여겨진다.

이상으로 살펴본 거대사의 통찰은 이제까지의 모든 성과를 망라한 것은 아니지만, 조영식의 『문화세계의 창조』를 새롭게 평가하는 데 있어서 유용한 접근이 될 수 있을 것이다. 그 까닭은 그의 논지가 이러한 거대사적 관점의 씨앗을 이미 그 안에 담아내고 있을 뿐만 아니라, 그에 더해 의식의 지도성에 따른 의지와 윤리적 방향성의 문제까지 포괄하고 있기 때문이다. 또한 이러한 거대사적 관점에 따른 『문화세계의 창조』에 대한 평가는 우리가 이제 무엇을 추가적으로 담아내고 발전시켜야 할 것인지를 생각하도록 해준다.

3. 거대사적 관점으로 본 문화세계의 창조: 변경의 전위적 역량

거대사의 담론이 역사학에서 논의되기 훨씬 이전인 1970년대 말에 이미 조영식 박사는 그의 저작 『오토피아』에서 우주의 생성으로부터 시작하는 만물의 운동법칙에 대한 논리를 전개한다.[26]

---

25 V. Gordon Childe, *Man Makes Himself*, Spokesman(1936).

26 조영식은 『오토피아』에서 이 우주적 원리를 "주리생성론主理生成論"과 "전승화全乘和"라는 말로 정식화했다. 이 개념은 오늘날 젊은 세대가 이해하기 다소 어렵겠지만, 기본적으로 유기적 통일체가 진화하는 과정에 대한 관찰이자 의식의 주도성과 지향성에 대한 철학이 담겨져 있다고 보

이것은 당시로서 대단히 엉뚱하고 비현실적인 발상처럼 여겨지는 주장이라고 할 만하다. 인간사회의 복잡한 현실도 제대로 파악하고 대처하기 쉽지 않은 판국에 우주의 생성과 운동법칙을 말하는 것은 너무도 거리가 있다고 여겨지기 때문이다. 그걸 안다고 해서 그게 우리 현실과 어떤 관련을 갖는 것인지, 그리고 얼마나 의미있는 실천력을 가질 수 있는지 쉽게 이해하기 어렵기 때문이다. 그러나 오늘날 역사학의 최첨단 영역이 된 거대사의 내용과 이론을 기반으로 해서 이 책을 읽어보면, 조영식 박사가 이에 대해 시대를 앞선 선도적인 각성을 했었다는 것을 알게 된다. 그뿐 아니라, 그의 실천적 운동론은 언제나 이렇게 우주와 생명의 기본원리에 대한 철학적 탐구를 기초로 출발하고 있음도 아울러 파악하게 된다. 그도 당연한 것이, 실천은 대상이 가지고 있는 운동의 법칙과 서로 조화롭게 결합될 때 비로소 기대하는 힘을 발휘할 수 있기 때문이다.

그는 기본적으로 우주 전체를 "유기적 통일체"로 인식하고 서로가 서로에게 연관된 작용을 하면서 진화-퇴화, 또는 발전-쇠멸의 과정을 겪는 중에 "다음 단계의 하나를 낳는" 운동이 펼쳐진다는 것에 주목한다.[27] 여기서 우리는 조영식 박사가 만물이 서로에게 유기적 그물망으로서 관계를 맺고, 그 과정에서 생겨나는 운동이 그 다음 단계의 임계국면을 넘어 새로운 질서를 창조해내는 것을 인식하고 있음을 알게 된다. 이것은 『문화세계의 창조』에서는 아직 명확하게 구체화되어 있지는 않으나, 8장의 세계의 원리를 다룬 장에서 "상관상제설"과 "주의적 상대생성의 원리"라는 개념으로 그 사상적 맹아를 보이고 있다.[28] 이는 오늘날

면 될 것이다.

27 위의 책, 73쪽.

일상적 언어로 풀자면, 거대사의 핵심에서 강조하고 있듯이 일체의 물체와 생명체가 서로에게 영향을 미치고 그것이 하나의 거대한 관계망을 형성하여 최고의 진화단계에 이르는 복잡계의 현실을 만들어낸다는 의미가 된다.

그러니 그 어떤 자연계의 운동이나 역사적 현실의 움직임도 그런 관점에서는 무의미한 것이 없게 되는 것이다. 그것은 그 다음 단계의 미래적 시선으로 볼 때 대단히 의미 있는 운동이나 행위, 또는 질서의 형성이 되는 것이다. 거대사에서는 바로 이러한 미래적 관점을 통한 과거와 현재 인식이 중요하다. 조영식의 시간 개념, 역사 인식도 이 미래라는 관점으로 과거와 현재를 사고하고 평가하는 방식이 된다. 이것은 미래를 그저 막연하게 상상하는 것과 다른 입장이다. 미래에 다가올 현실을 이미 이루어졌다고 여기고 그걸 토대로 지금을 돌아보는 "미래 회상적 방식"이 된다. 다시 말해 "미래의 현재화"다. 그것은 현재의 임무를 명확히 해준다. 이런 관점에서 보면, 지금 이루어져야 할 운동이 있지 않으면 위기의 미래가 닥쳐올 것이며, 바람직한 미래를 이루기 위해 지금 이루어져야 할 운동이 전개되면 실현될 미래에 대해서는 확고한 신념이 넘치게 되는 법이다. 그런 까닭에 그가 상정하는 미래의 이미지나 현실은 매우 담대하고 확실하다. 다시 강조하건대 이렇게 미래 회상적 관점이 기본이 되면, 지금 해야 할 운동의 내용과 목표 그리고 방식이 선명해진다. 당장에는 막막해 보이고 너무 먼 미래에 소용되는 작업인 것 같지만, 그것이 축적돼가면서 "최적의 원칙Goldilocks Principle"을 가진 능력이 뛰어난 복잡계를 창출하는 기반이 될 수 있기 때문이다.

그런데 여기서 주목할 것은 "의식의 지도성"이다. 거대사에서

---

28 조영식, 『문화세계의 창조』(2014년 복간본), 경희대학교 출판문화원, 139~161쪽.

정면으로 깊게 다루지 못한 인간의 의식과 의지의 문제가 바로 이 대목이다. 거대사의 경우, 우주와 물질, 그리고 생명체의 운동에 대한 과학적 이해와 연구는 진행되고 있지만 그로써 이루어지는 인간 현실의 윤리적 판단과 논쟁, 인류의 미래에 대한 고뇌, 우주와 인간의 역사에서 성취되어야 할 가치에 대한 논의는 아직 부족하거나 약하다. 거대사는 역사 인식의 시간 개념과 공간 개념에 혁명적 도약을 가져온 반면에, 문명의 내면에 대한 성찰과 변혁의 의지를 뚜렷하게 내세우지는 못하고 있다. 이에 반해 조영식의 『문화세계의 창조』는 제아무리 대단한 문명과 힘을 자랑하는 국가나 역사라고 하더라도 그것이 인간의 복리와 생명, 자유와 행복에 기여하지 않고 전쟁과 파괴를 통해 자신을 강력하게 만들고자 하는 것에 대해서는 신랄한 비판을 가한다.[29] 역사에 대한 윤리적 가치기준이 또렷하게 서 있는 것이다.

따라서 그의 역사관은 당연히 무엇을 향한 의지인가의 문제로 압축되고, 그것을 이루기 위한 인간의 주체적, 지도적 노력의 가치를 주목한다. 이것은 현대사회로 들어서면, 자본의 통치를 거부하고 강대국의 지배체제를 받아들이지 않으며, 인민의 자유를 억압하는 국가를 반대하고 철저하게 민주주의를 실현할 인류공동체의 실현[30]이라는 목표를 향해 가는 여정이 된다. 이와 같은 의식의 지도성과 윤리는 이미 기존의 질서가 돌아가는 세상에 비하자면 무력하게 보일 수 있다. 그것은 "광야의 외로운 목소리"이기도 하며, 현실의 압도적 힘을 이길 수 없는 것처럼 여겨진다. 이러한 그의 사상과 철학은 거대사가 주목한 우주생성의 운동법칙과 관련해서 본다면, 애초에는 아주 미미하고 작은 규모

29 같은 책, 219쪽.
30 같은 책, 165~169쪽.

의 입자에 불과하다. 그러나 그 안에 담긴 물질과 에너지는 빅뱅 이전의 현실처럼, 결코 가볍거나 작지 않다. 그것은 우주적 규모의 발상과 인류적 차원의 사고이며 보편적 윤리의 원칙을 가지고 있다. 그러기에 이것이 일단 폭발해서 빅뱅의 도약이 이루어지기 시작하면 그 운동이 멈추지 않는 한 윤리적 가치와 능력을 지닌 복잡계의 생성을 자기조직화하면서 지속적으로 이루어낼 것이다. 그로써 우주와 지구, 그리고 일체의 생명체와 인간이 행복하게 살아갈 수 있는 문명의 생태계를 만들어가는 토대가 될 수 있는 것이다.

데이비드 크리스천의 거대사에서 제기된 역사학 이론을 발전시켜 나간 프레드 스피어는 우주의 역사에서 물질과 빛, 그리고 에너지의 관계를 주목하면서 첫째, 물질과 물질의 관계는 에너지 발생의 기초라는 점, 둘째, 빛은 물질의 변화에 영향을 주고 그 과정에서 에너지를 만들어낸다는 점, 셋째, 결국 우주와 자연의 역사를 관장하게 되는 복잡계는 인간의 문명이라는 점을 강조했다.[31] 이것을 역사의 운동법칙에 대입해서 『문화세계의 창조』를 이해해본다면, 첫째, 인간의 미래에 대한 윤리적 가치에 사상적 기준을 세우는 이들의 만남과 교류, 협력과 관계 맺기는 새로운 에너지를 발생시킬 수 있으며, 둘째, 사상과 철학, 윤리와 가치의 빛이 인류의 현실에 쪼이면 그 현실은 변화하고 그 변화의 과정에서 새로운 에너지가 만들어질 수 있고, 셋째, 이 에너지는 결국 인간의 문명을 통해 미래를 창조하는 힘으로 바뀌어 나갈 수 있다. 다시 말해 열기 있는 운동을 펼치는 힘이 나오면 현실은 변화할 수 있다. 이는 중력을 중심으로 펼쳐진 뉴턴의 물리학 이후 등장한 열역학의 원리를 통해서도 입증되는 바이다.

---

31 Fred Spier, op. cit., pp. 18~40.

노벨 화학상 수상자인 일리야 프리고진은 "열은 물체를 변형시키며 상태의 변화를 결정하고 고유한 성질을 수정하도록 한다"고 열역학의 관찰을 정리한다. 그리고 그는 이러한 원칙에 기초해서, "존재로부터 생성"이라는 차원의 운동을 주목한다.[32] 조영식의 경우도 이와 다르지 않다. 그는 문명 창조의 에너지를 만들어 그 열기를 통해 새로운 시대를 향한 생성의 과정을 이룩하려 했던 것이다.

오늘날 돌아보면, 이러한 조영식의 『문화세계의 창조』는 약소국과 그 약소국의 민족이 어떻게 할 수 없는 세계사의 소용돌이에 휩쓸린 변경의 고독한 외침이다. 그것은 무엇으로도 그 깊이를 잴 수 없는 참화와 비극, 그리고 절망의 계곡에 처해 있던 한 약소국 청년의 고뇌이자 시대적 고통의 토로이다. 그러기에 그러한 주장과 사상은 심정적으로는 이해되나 거대한 세계 역사의 흐름에서 어떤 입지를 갖기란 실로 불가능에 가깝고, 주장의 규모는 크나 현실에서 실천할 수 있는 역량은 너무도 초라한 철학과 문명론으로 보인다. 이는 당장의 생존이 급박한 처지에 너무도 먼 미래에 대한 고민이며, 민족의 문제 해결도 가당찮은 판국에 인류적 차원의 성찰을 부르짖었다는 점에서도 비현실적이기만 하다고 평가될 수 있다.

그러나 모두가 비탄에 빠져 있을 때 그는 고통을 온 몸에 흡수하는 것으로 그치지 않았다. 그는 그것을 딛고, 다음 단계에 취해야 할 정치와 교육, 문명의 진로와 세계사의 향방에 대한 예언자적 성찰과 행동에 집중했던 것이다. 목표를 가능하게 하는 기존의 조건을 먼저 염두에 두는 현실주의적 시각에서는 선뜻 납득이 가지 않는 모습이다. 그런데 그는 자신이 살아온 시대를

---

32 일리야 프리고진, 『혼돈으로부터의 질서』, 신국조 옮김, 자유아카데미, 2011년, 160쪽.

"사랑에 굶주림을 체득"[33]했다는 말로 표현하고 있다. 그만큼 절박했고 그만큼 새로운 시대의 도래에 대한 갈망이 깊었던 것이다. 이것은 오랜 전쟁과 파괴의 현실을 겪고 나서 인간다운 삶과 평화에 대한 절절한 갈구가 뿌리를 내려 인류의 고전적 사상을 배태했던 "축의 시대The Axial Period"의 철학적 정황과 다르지 않다. 칼 야스퍼스는 그의 『역사의 기원과 목표*The Origin and Goal of History*』[34]에서 인류적 차원의 각성이 이루어지면서 진정한 인간의 역사가 시작되었다고 말하고 있는데, 그런 점에서 보자면 『문화세계의 창조』는 전체로 보자면 일개 단위에 그치는 민족사의 테두리에서 보편적 인류사로 진입하려는 차원의 사유가 작동한 매우 중요한 저작임을 평가하게 된다. "우리는 어디에서 와서 어디로 가는가"라는 질문은 인간이 이 지상에 살면서 포기할 수 없는 핵심적 질문인 동시에, 그것을 비극의 현실 속에서 역사화하려는 노력은 강력한 희망의 창출과 의지의 실천을 통해서만 이루어질 수 있다. 그러나 이미 기득권화되어 있는 기존 문명의 중심에서는 기대할 수 없는 가치와 행동이다. 그런 점에서 조영식의 사상과 철학은 그러한 문명의 중심권이 아닌, 새로운 미래를 만들어내는 조건을 잉태하는 변경의 산물이다. 그가 고난의 벼랑에 선 변경frontier의 존재라는 사실은 불우한 일이 아니라 도리어 축복이 된다. "역경의 미덕과 효력"이 발휘되었기 때문이다.

아놀드 토인비로부터 시작해서 데이비드 크리스천에 이르기까지 인류 보편의 세계사와 거대사가 일깨우고 있는 역사적 진리 중 하나는, 기존의 문명 체계가 생명력과 동력을 상실해갈 때 변방 또는 변경에서 새로운 힘이 등장한다는 사실이다. 그것

33 조영식, 『문화세계의 창조』(2014년 복간본), 경희대학교 출판문화원, 199쪽.

34 Karl Jaspers, *The Origin and Goal of History*, Yale University Press(New Haven, 1953), pp. 51~57.

은 거대한 문명의 체계가 서로 충돌하면서 인간의 삶을 파괴하는 비극을 깊이 응시하고 새로운 미래의 문명을 꿈꾸는 자와 세력 가운데서 문명의 창조적 전위가 나타나게 된다는 사실을 주목한 결과다. 이 전위의 목소리와 주장은 처음에는 미미한 것 같으나 시간이 지나면서 점차 그 윤곽이 뚜렷해지고, 세력이 확장되며 문명의 새로운 중심을 만들어가는 주역이 된다. 이것이 다름 아닌 "변경의 전위성"이다. 일리야 프리고진의 말을 하나 더 인용한다면, 기존의 질서가 유지하는 "평형 상태에서 멀리 떨어지면 새로운 자생적 조직화의 과정들이 일어난다"는 것과 동일하다.[35] 조영식의 『문화세계의 창조』는 바로 이 변경의 전위성이 구체화된 열매이자, 이후의 문명을 주도하는 동력의 맹아적 출현이다. 그리고 평형 상태가 깨어진 비평형 상태에서 발생한 자생적 조직화의 운동이다. 이것은 오늘날 생명과학의 자기조직화의 논리[36]와도 그대로 일치한다. 뿐만 아니라 현실의 혼돈과 탈기득권적 변경의 전위적 위상이 결합하는 순간, 창조적 역량이 비약적으로 폭발하게 된다는 점 또한 주목하게 된다. 루퍼트 셀드레이크 등 생물학자, 수학자 들은 혼돈과 창조성의 관계를 밝혀가면서, 이로써 우주적 차원의 의식 탄생까지 언급할 정도다.[37] 1951년의 한국이라는 존재는 얼마나 가망이 없는 나라이자 민족이었던가? 그야말로 세계사의 중심에서 밀리고 밀려난 변경 중의 변경이 아니던가? 그런데 그런 곳에서 인류적 비전이

---

35 일리야 프리고진, 앞의 책, 137쪽. 프리고진은 자신의 이러한 이론을 "소산구조dissipative structure"라는 말로 표현했는데, 외부로부터의 에너지를 통해 물질 또는 생물체가 동요 내지 무질서 상태로 진입하면서 도리어 새로운 질서가 이루어지는 현상을 말한다.

36 Fritjof Capra, ibid, p. 83.

37 Ruptert Sheldrake, Terence Mckenna, Ralph Abraham, *Chaos, Creativity and Cosmic Consciousness*, Park Street Press(Rochester, 2001), "Creativity and Chaos", pp. 21~40.

제시된다. 그것은 단지 변경의 전위성에게 부여된 임무가 자동적으로 실현된 경우가 아니라, 인간의 생명과 자유, 문명의 윤리적 방향성에 대한 가치 정립이 있었기에 가능한 성과였다. 하지만 그 사상적 성취와 실천적 구상은 심화와 확장의 단계를 거쳐야만 현실에서 위력을 발휘할 수 있는 법이다.

4. 문명융합의 회로 WWW: 교육, 무엇을 할 것인가?

거대사 연구에 기여한 세계역사World History 연구의 거두 윌리엄 맥닐과 환경의 역사를 전공한 그의 아들 J.R. 맥닐은 인류사 전체를 통괄하면서 그물망의 역사를 체계화한다. "인간의 그물망Human Web"[38]이라는 이 시각은 지난 시기의 문명사를 총괄하면서, 문명의 그물망이 확장되고 연관 관계가 더욱 심화되는 과정에 주목한다. 이러한 관찰에서 깨닫게 되는 문명 발전의 원리는 그물망을 통해 서로가 서로로부터 낯선 것들을 배우고 그것을 융합시키는 능력이 높을수록 지속적 문명의 생명력을 갖게 된다는 점이다. 과거에 비해 전례 없는 세계적 그물망이 발달한 현실에서 이러한 역사적 통찰은, 서로가 서로에게 개방적이면서 각자의 개성을 유지하는 가운데 교류와 융합의 지혜를 모을 수 있는 그물망의 심화와 확장의 필요성을 더욱 절실하게 일깨운다. 그렇지 않아도 미생물학자 린 마굴리스는 미생물 진화의 세계를 규명해나가는 가운데, 진정한 진화는 유전자 교환을 통한 융합에 있다고 강조했다.[39] 이는 서로 다른 미생물들이 하나의 진화된 다른 개체로 변화하는 과정을 관찰하면서 얻게 된 결론으로,

---

38 J.R. McNeill & William H. McNeill, *The Human Web*, Norton & Company(New York, 2003).
39 린 마굴리스, 도리언 세이건, 『마이크로코스모스』, 홍욱희 옮김, 김영사, 2011년.

인간의 사회적 진화에서도 동일하게 적용되는 원칙일 것이다.

더군다나 인터넷의 세계적 그물망인 www(world wide web)의 출현과 발달은 하나의 세계라는 현실을 일상화시키고 있다. 그러나 이것은 실질적으로 우리의 인식과 생활의 내용까지 그렇게 저절로 만들어주고 있는 것은 아니다. 고등교육의 관점에서 보자면, 동북아시아를 비롯해서 국제 관계에 대한 지식과 이해는 여전히 낮은 수준이며 문명사에 대한 지적 역량은 별반 개선되고 있지 못하다. 고대 문명사로부터 현대에 이르는 역사적 과정의 총체적 인식에 대한 교육이 중요한 핵심 교육과정으로 채택되어 공동체적으로 발전시켜 나가지 못하고 있다. 이러다 보니 세계에 대한 총체적 관찰과 이해, 성찰의 능력이 자라기 쉽지 않게 된다. 그렇지 않아도 거대사의 발달에서 주목되고 있는 것은 학문적 융합의 위력이며, 이는 대학의 각 학제 간 경계선을 넘어서서 총체적인 지식의 협동을 통해 가능한 일이다. 이러한 교육을 통해 우리는 인류적 차원의 사고를 하면서, 도처에서 일어나는 고통과 연대하고 지구적 규모의 희망을 함께 일구어 나가는 상호 협력적 생태계를 만들어 나갈 수 있다. 그것은 모두가 모두에게 의롭고 선한 영향을 미치는 방식이며, 거대사의 통찰이 일깨운 것처럼 생명의 에너지를 지속적으로 증대할 수 있는 관계 맺기다. 창조적 운동력이 살아 있는 삶이 되는 것이다.

그러자면 무엇보다도 오늘날 인류가 마주하고 있는 문명의 윤리적 방향에 대한 비판적 의식과 교정의 의지를 공유해나가려는 노력이 가장 절실하다. 이 노력을 중심에 놓고 문명에 대한 거대사적 연구도 하고 학문적 융합의 방향도 잡아나가면서 지구적 현실에 대한 지식과 이해도 갖춰나가도록 하는 것이다. 이것은 이미 조영식의 『문화세계의 창조』에서 그 현실에 대한 예언자적 비판과 지향점에 대한 성찰로 정리된 바 있지 않은가? 잘못 가고 있는 인류의 경로를 교정하는 헌신 없이는 어떤 것도 인간을 행복하게 해줄 수 없다. 인간의 가치가 자본에게 지배당하고, 인민 대중의 복리보다 자기 권력을 위해 군림하는 국가가 존속하고, 전쟁과 폭력이 그치지 않는 한 우리의 이 문화혁명적 고투는 멈출 수 없는 것이다.

결국 이러한 비전에 따른 미래 문명의 창조는 인간에게 닥치고 있는 고통과 위기를 해결하는 능력이 있는가 없는가에 달려 있다. 그리고 그것은 무엇보다도, 문명의 윤리적 가치를 판단하고 평가하는 지점에서 출발할 때 비로소 가능해진다. 가령 전쟁이 아니라 평화에 인류의 총역량을 쏟자는 조영식 박사의 목소리는, 문명의 윤리적 가치를 어디에 둘 것인가에 따른 현실 인식의 출발점을 보여준다. 진정한 문제 해결 능력은 여기에서 시작된다. 고도의 기술과 지식, 그리고 관계망의 동원은 이러한 윤리적 방향성과 강력한 의지로 결합될 때라야 의미가 있다. 제 아무리 발달된 문명국가의 과학이라도 그것이 평화를 위해 봉사하지 않으면, "인류를 파멸로 이끌려는 일체의 반동과학"[40]이 될 뿐이며 인간의 행복을 부인하는 야만이 된다.

그러므로 우리가 지향하는 문명 융합의 차원은 이제 단지 서로 낯선 것들의 만남과 교류에서 그치는 것이 아니라, 윤리적 가치가 전 지구적으로 공유되는 것을 의미하며 이를 통해 진정한 생명력을 갖는 문명의 융합 회로가 건설되는 것을 목표로 삼는다. 이는 "생명과 윤리의 지구적 그물망wholewide web of life and ethics"을 짜는 작업이 된다. 그래서 윤리화된 인간 공동체의 유전자 교환을 통한 사회적 진화를 이루어내야 하는 것이다. 이 회로 위에서 우리는 인간과 인간이 서로 차별되지 않는 인류 공동체를 이

---

40 조영식, 『문화세계의 창조』(2014년 복간본), 경희대학교 출판문화원, 174쪽.

룰 수 있으며 서로의 문명적 개성이 나누어지면서 새것을 함께 창조해나가는 문화세계의 아름다움과 즐거움을 누릴 수 있을 것이다.

60여 년 전, 경희학원의 설립자가 역경과 비극의 연속이었던 시대에 살면서 고뇌하는 가운데 우리에게 넘겨준 이 문명사적 성찰과 교육적 전망은, 이제 오늘날 우리 사회가 겪고 있는 위기와 마주하여 새로운 도전과 의미를 획득해야 한다. 이 웅장한 꿈 앞에서 그 시절보다 왜소해져버린 우리의 철학적 사유의 한계를 극복하고, 의지가 약해진 역사적 실천력을 새롭게 강화하며, 길고 큰 안목에서 미래를 내다보는 역사관을 복원, 더욱 풍부하게 만들어가야 한다. 그것이 계승과 발전의 길이다.

1950년대의 세계적 현실과 국내 정치가 인간을 못살게 굴고 파멸로 밀어붙이고 있다고 여긴 청년 조영식은 "이제 우리 인류는 누구를 믿어야 옳단 말인가?"라고 탄식하고는 결국 우리 자신이 "새로운 길을 개척하는 수밖에는 없다"고 결의한다.[41] 오늘날 한국사회도 진도 앞바다 세월호 참사를 겪으면서, "이제 우리는 누구를 믿어야 옳단 말인가?"라고 절규하고 있는 현실에 직면해 있다. 어떻게 해야 되겠는가?

거대사가 또 하나 일깨워주는 것 가운데 하나가 있다. 밤에 육안으로 볼 수 있는 별은 4광년에서부터, 최근 새로운 발견에 따르면 1만 광년까지도 있다고 한다. 그건 지금 우리가 보고 있는 별은 이미 4년 전 또는 400년 전, 4천 년 전, 그리고 무려 1만 년 전에 빛을 발해 여기까지 도달한 것이라는 이야기다. 그 별에게 우리의 지금은 미래이며, 우리는 그 별빛을 통해 과거를 본다. 바로 "미래의 회상"이다. 그때 그 별이 빛나지 않았다면 우리는

41 같은 책, 168~169쪽.

지금 그 별을 볼 수가 없었을 것이다. 그것은 다시금 우리가 현재 발하는 빛이 어느 미래엔가 도달하게 되는 시간을 내다보게 한다. 지금 이 순간, 우리가 빛이 될 때 미래의 어느 시간에 세상은 그 빛만큼 어둠 속에서 밝아질 수 있을 것이다. 60여 년 전 황폐한 역사의 들판에서 『문화세계의 창조』라는 빛을 발한 조영식 박사의 별을 지금 우리가 보고 있는 것처럼.

이제 남은 것은 실천의 장으로 발걸음을 옮기는 것이다. 문화인류학자 마빈 해리스는 말한다. "인류사의 처음에, 발걸음이 있었다."[42] 그 족적을 따라 조영식 박사가 발걸음을 옮겼고, 이제 경희인들이 그 뒤를 따른다. 그리고 이는 경희학원을 넘어서서 우선적으로 사회적 발언과 실천의 영역을 창출해내야 한다. 이 힘이 지구적 차원의 그물망을 만들어가는 기본역량이다. 선언과 성찰을 넘는 운동 없이는 아무 것도 창조되지 못한다.

처음에는 미미했던 인류사의 거대 족적은 다 이렇게 해서 이루어졌다. 문명사의 복잡계에 이르는 진화의 과정이다. 그러나 언제나 더욱 중요한 것은 그 안에 담겨 있는 가치라 할 것이다. 자연과 인간의 생명을 살려내는 윤리적 덕목의 존재 여부가 바로 그것이다. 이는 뜨거운 생각의 체온과 강렬한 마음의 에너지가 결합해나가는 과정이기도 하다.

청년 조영식은, 예수의 표현을 빌리자면 "세상이 버린 돌을 머릿돌로 삼는" 자세를 보였다. 그는 기존의 문명, 그 중심에 진입하자고 하지 않았다. 그가 외친 것이 "문화세계의 진입"이 아니라 "문화세계의 창조"였다. 새로운 중심을 창조하자는 것이다.

새로운 가치를 절실하게 갈구하는 변경이 전위가 되는 순간,

---

42 Marvin Harris, *Our Kind*, Harper Perennial(New York, 1989), p. 2, "In the beginning was the foot."

문명의 미래는 그 중심이 바뀐다. 『문화세계의 창조』는 이 중심의 전환에 누가 설 것인가를 묻고 있다. 그렇지 않아도 경희 65주년의 슬로건은 "담대한 변화의 전위에 서서"이다. 그 전위에 함께 하고 싶은가? 이제 우리가 답할 차례다.

■ 참고문헌

1. 조영식 박사 저서

조영식, 『문화세계의 창조』, 경희대학교 출판문화원, 2014년 복간본.

조영식, 『민주주의 자유론』, 한일공인사, 1948년.

조영식, 『오토피아』, 경희대학교 출판문화원, 1979년.

2. 기타 서적

데이비드 크리스천, 『세계사의 새로운 대안, 거대사』, 김서형·김용우 옮김, 서해문집, 2009년.

린 마굴리스, 도리언 세이건, 『마이크로코스모스』, 홍욱희 옮김, 김영사, 2011년.

신시아 브라운, 『빅 히스토리』, 이근영 옮김, 프레시안북, 2009년.

일리야 프리고진, 『혼돈으로부터의 질서』, 신국조 옮김, 자유아카데미, 2011년.

Braudel, Fernand, *Civilization & Capitalism*, 15th~18th Century I/II/III, University of California Press, 1992.

Capra, Fritjof, *The Web of Life*, Anchor Books, New York, 1995.

Childe, V. Gordon, *Man Makes Himself*, Spokesman, 1936.

Christian, David, *Maps of Time*, University of California, 2005.

Christian, David, *A History of Russia: Central Asia and Mongolia*, Blackwell Publishing, 1998.

Jaspers, Karl, *The Origin and Goal of History*, Yale University Press, New Haven, 1953.

Harris, Marvin, *Our Kind*, Harper Perennial, New York, 1989.

McNeill, William H., *The Rise of the West*, University of Chicago Press, 1963.

McNeill, J.R. & William H. McNeill, *The Human Web*, Norton & Company, New York, 2003.

Sheldrake, Ruptert, et al., *Chaos, Creativity and Cosmic Consciousness*, Park Street Press, Rochester, 2001.

Spier, Fred, *Big History and the Future of Humanity*, Wiley-Blackwell, 2011.

Toynbee, Arnold J., *A Study of History*, Del Publishing Co., New York, 1969.

문화세계의 창조, 깨어난 상상력

이동욱

1. 오토피아, 21세기를 향한 치유의 비전

저에게는 오랫동안 지녀왔던 궁금증이 있었다. 그것은 경희 탄생의 미스터리였다. 오늘 저는 그 미스터리를 푸는 열쇠라고 할 수 있는 오토피아 사상을 중심으로, '『문화세계의 창조』, 깨어난 상상력'이란 주제를 가지고 말씀드리고자 한다.

65년 전, 경희는 청년 조영식이 자신을 향해, 그리고 전 인류사회를 향해 던졌던 물음, 지구문명의 대붕괴Global Collapse냐, 지구적 존엄Global Eminence이냐 하는 실존적 물음에서 비롯되었다. 세계대전에 이은 민족상잔이라는 비극적 파괴와 대참사의 한복판에서였다. 새로운 문화세계의 창조라는 교시는 그러한 물음에 대한 그만의 답이었다. 지금 경희는 개교 65주년을 맞이하여 새로운 창조의 혼을 찾는 여정에 들어서고 있다. 그러나 오늘의 시대적 상황은 우리로 하여금 똑같은 물음을 다시금 묻게 하고 있다.

오늘날 사람들은 정신세계보다는 물질적인 세상에 너무 매몰되어 있는 듯 보인다. 우리에게는 세상을 바라보는 확연히 구분

되는 두 가지 시선, 두 개의 눈이 있다. 하나는 현실적인 시야, 즉 육안으로 '현존의 시간' 속에 감각이 지배하는 일상적으로 깨어 있는 의식이고, 다른 하나는 깨어난 상상력이 통제하는 '창조된 시간' 속의 영적인 시야이다. 문제는 우리가 대부분 육안으로 보는 현실적인 시선에만 사로잡혀 있다는 점에 있다. 두 가지 시선을 동시에 유지하는 것, 이것이 곧 삶에 대한 창조적 태도이며, 이 때 우리는 자신의 삶에 대한 마음의 태도를 새롭게 하게 된다.

아직도 대부분의 사람들은 영적인 눈으로 그린 마음속의 형상인 상상의 본질에 대해서는 거의 알지 못 하는 듯 보인다. 그러나 위대한 비저너리Visionary는 상상의 본질을 꿰뚫고 깨어난 상상력을 이 세상에 증명해내는 법이다. 바로 경희의 역사가 이를 뒷받침하고 있다. 사물을 지금 있는 그대로의 모습으로 보는 것에서 벗어나, 사물이 마땅히 존재해야 하는 모습으로 마음 속 시선을 옮기는 능력이야말로 인간이 지닌 깨어난 상상력이다. 이는 곧 인간 의식의 깨어남이고 이것은 바로 오토피아를 향한 원대한 기획의 시작이었다. 인간의 위대성은 바로 여기에 있다. 경희의 얼이 곧 이 '깨어난 상상력'이다.

청년 조영식은 당시 대참사가 지나간 황폐화된 이 자리에 서 있었다. 우리 대학의 어느 외국인 교수가 멋지게 표현하였듯이 그는 황야의 예언자The Prophet in the Wilderness였던 것이다. 분명 『문화세계의 창조』는 전 세계를 향해 21세기 인류의식의 '깨어남'을 예고한 것이었다. 또한 그것은 인간이 중심이 되는 보편적 민주주의의 실천 선언이기도 했다. 제가 3년 전, 몇 개월 동안 평화복지대학원에서 오토피아 사상에 관한 가을 세미나Toward Oughtopia: Autopoiesis & Our Future를 준비하면서 가졌던 궁금증은 크게 세 가지로 요약될 수 있다.

첫째, 우리 인류에게 지구공동사회Global Common Society건설이라는 집단적 목표를 향해 가야 할 어떠한 경험적 증거나 과학적 근거가 과연 있는 것인가? 다시 말해, 그러한 전 지구적 차원의 당위적 노력을 하지 않으면 안 되게 하는 어떤 생물학적·인식론적 근본원리fundament가 우리 인간에게 내재內在하고 있는 것인가?

둘째, 우리가 체험하는 삶의 세계의 '안과 밖', 인간 의식의 내면과 우리가 현실이라고 부르는 바깥세상을 의미 있게 연결시켜줄 수 있는 어떤 새로운 패러다임의 출현이 가능할 것인가? 바꾸어 말하면, 의식과 과학은 만날 수 있는가? 즉, 인간 과학 혹은 의식 과학은 성립될 수 있는가?

마지막으로, 인간 의식과 물질세계에 관한 그러한 새로운 패러다임의 출현이 만약 가능하다면, 우리의 내면에 품은 우리가 원하는 미래를 인간이 지닌 '깨어난 상상력'으로 실제의 현실 속에 그대로 창조해낼 수 있겠는가? 이 마지막 질문은 미래 기획의 실천적 방법론에 관한 물음으로서, 이것이야말로 65주년을 맞이하는 경희인 모두가 실질적으로 마주해야 할 핵심적 물음이 아닌가 하는 생각이 든다.

위의 세 가지 물음은 모두 최근에 등장하고 있는 새로운 인식론과 관련된 것이기도 하다. 이러한 물음에 답을 얻기 위해서 우리는 오토피아의 형이상학적, 철학적 언어의 외피를 뚫고 들어가, 설립자의 내면과 만나야 했다. 그리고 마침내 우리는 그곳에서 설립자가 꿈꾸었던 원대한 기획, 21세기를 향한 치유의 비전을 읽을 수 있었다. 여기에서 저는 오토피아에 관한 어떤 철학적 개념이나 형이상학적 이론에서 그 답을 찾지 않으려 한다. 왜냐하면, 설립자는 형이상학적 언어를 빌려 자신의 우주관이나 세계관, 특히 사람 중심주의의 인간관에 나타난 자신의 꿈과 비전 그리고 궁극적으로 추구하려는 핵심 가치의 적극적 의미를 우리에게 전달하고자 했을 뿐이기 때문이다.

인류에게 커다란 영감을 주었던 다른 위대한 드리머Dreamer들이나 비저너리들, 예컨대 윌리엄 블레이크William Blake의 2개의 비전The Double Vision이나 헤르만 헤세Hermann Hesse의 2개의 세계The Two Realms, 그리고 프로이트Freud와 융Jung의 의식(표층)과 무의식(심층), 앙리 베르그송Henri Bergson의 2개의 근원The Two Sources, 그리고 떼이야르 드 샤르뎅Teilhard de Chardin의 사물 '안Within'과 '바깥Without', 데이비드 봄David Bohm의 내적 및 외적 질서모델The Two Orders에서 그러했던 것처럼 오토피아 사상도 한마디로 주의생성과 전승화라는 2개의 원리a dual principle로 이루어진 새로운 세계관이라고 할 수 있겠다.

오토피아 사상과 철학에서 전개한 2개의 원리로 구성되는 주의생성The Inner Ground과 전승화The Outer Ground라는 얽힘Entanglement의 과정도 이러한 맥락에서 이해되어야 할 것이라고 생각한다. 이들과 더불어 오토피아 사상에서 예견되는 새로운 인식론, 즉 자기조직화하는 복잡계 패러다임의 등장은 우리에게 새로운 '인식의 문'을 열어주고 있으며, 특히 21세기에 접어들어 인류사회가 직면하고 있는 중요한 문제들을 풀어가는 데 있어서 의미심장한 희망을 주고 있다고 말할 수 있다.

2. 문화세계의 창조, 주의생성과 전승화의 이중주

현대과학, 특히 양자역학은 정신세계와 물질세계의 경계를 허물고 있다. 스테판 울프람Stephen Wolfram은 새로운 과학에 관한 그의 저서 『새로운 종류의 과학*A New Kind of Science*』(2002)에서 인간 내면의 복잡성이 증대하는 의식 진화는 결국 우리를 둘러싼 자연과 우주 전체를 포함하는 바깥세상에 그에 상응한 복잡성 수준을 발생시킨다고 말한다. 인간 의식은 끊임없는 바깥세상과의 상호작용을 통해 전 우주에 그에 상응하는 복잡성을 나타나게 한다는 의미이다. 이처럼, 인간의 마음은 우주 내의 모든 존재를 인식하게 되며, 이러한 자각을 의식의 깨어남이라고 할 수 있다. 마음에는 복잡성 수준의 증대, 즉 얽힘의 슈퍼 패턴이라고 할 수 있는 것이 형성되는데, 이것이 의식이라는 것이다.

추측컨대 (순전히 저의 추측이긴 하지만) 당시 설립자께서는 젊은 시절의 놀라운 예지력으로 인간의 의식 진화에 따른 복잡성 과학, 자기조직 패러다임의 등장을 예견하고 있었던 것이 아닌가 하는 생각이 든다. 우리는 오토피아에서 은유적 의미에서 주의생성과 전승화가 만들어내는 '얽힘'의 이중주를 들을 수 있기 때문이다. 여기에서는 청년 조영식의 우주관이나 세계관 특히, 사람 중심주의의 인간관에 나타난 꿈과 비전 그리고 그 핵심 가치를 중심으로 오토피아 사상을 의식 과학적 관점에서 살펴보고자 한다.

복잡계 관점에서 바라볼 때, 전승화The Outer Ground는 우리 눈앞에 펼쳐지고 있는 세계의 근본 바탕인 인간 의식이 본질적으로 지닌 안으로부터 샘솟는 내재성과 인간이라는 존재의 한계와 제약을 뛰어넘고자 하는 초월성으로 이루어지는 주의생성The Inner Ground으로부터 발현되는 세계로 보여진다. 이런 의미에서 일찍이 설립자가 꿈꾸었던 오토피아는 하나의 가능적 세계이다. 지구공동사회는 지금의 현실이 끊임없이 부정되고 다시 창조되어야 할 보다 높은 차원에서의 현실이다. 그러니까 지구공동사회는 우리 인류가 우주의 자기조직화하는 진화 과정에서 적극적으로 차지해야 할 궁극의 지점을 나타낸다고 보여진다. '당위적 요청사회'인 오토피아는 샤르뎅의 말을 빌리면 궁극적으로 '사람됨'의 문제이다. 즉, 우리 각 개인의 의식이 깨어나 참된 인류문명을 이룩하는 것이 오토피아에서 말하는 인간 중심주의이다.

마찬가지로 샤르뎅도 사람은 우리가 사는 세상의 중심이고, 때문에 사람은 우리가 우주를 보는 데 열쇠가 된다면서 사람은 이미 사람이지만 사람이 되어야 할 존재라고 말한다. 한 사람으로 뿐만 아니라 인류로도 그렇다는 것이다.

칼 프리브람의 홀로그램 모델에 의하면, '정보'가 바탕이 되어, 양자量子(정보, 에너지)가 인간의 정신(의식)으로 발현된다고 한다(Pribram, 1977). 즉 마음과 물질은 둘 다 형이상학적인 것이 아니라 두 종류의 실존하는 실재實在, reality라고 말한다. 우주허공은 텅 비어 있는 것이 아니라, 양자 포텐셜quantum potential(정보)로 채워져 있다는 것이다. 마찬가지로 데이비드 봄도 『전체와 접힌 질서*Wholeness and the Implicate Order*』(1980)에서 우리가 사는 이 우주는 활성 정보장active information field으로 충만되어 있으며, 밖으로 드러난 물질적 질서the material order와 안으로 감춰진 마음의 질서the order of mind를 분리할 수 없는 하나의 통일장a unitary field으로 보고 있다. 즉 마음(의식)은 정신의 본질을 담고 있는 물질에서 생겨나며 모든 물질은 입자와 파동이라는 이중구조로 이루어져, 물질이 있으면 이 물질의 뒷면에는 항상 에너지장이 존재하고, 이 에너지장은 열려 있어 우주 공간의 에너지와 상호 연결되어 있다는 것이다. 이들이 제안하는 포텐셜의 본질은 바로 이 '정보'가 에너지를 조직화하고, 조직화된 에너지 조직계는 우리들이 통상적인 지각으로 인식하는 시공간 조직계와는 본질적으로 다르다. 이런 의미에서 오토피아에서 말하는 지구공동사회Global Common Society는 눈으로 볼 수 있는 물리적 세계physical realm에서의 시공간 조직계(예를 들어 UN과 같은)와는 다른, 눈에 보이지 않는 에너지 조직계라고 할 수 있겠다.

최근 들어 이러한 홀로그램 원리에 입각한 주장은 단순한 가설적 수준에만 그치지 않고 있다. 실제의 사회집단social collectives이나 사회조직social organization 내의 정보망과 소통 과정에 적용하여 구체적인 경험적 증거를 도출해내려는 노력이 1990년대부터 활발히 진행돼오고 있다. 대표적인 예의 하나는 레이몬드 브래들리의 연구이다(Bradley, 1998). 자기 조직화하는 전체 사회시스템global organization of a system 내의 사회집단들social collectives 간의 소통 과정에서, 어떻게 정보가 홀로그램적으로 구조화되어 함축적 질서implicate order인 시스템 안의 모든 다른 부분들로 분포되어 드러나는지에 대한 설득력 있는 과학적 증거들이 그것이다.

봄과 프리브람의 이론에 힘입어 인간 의식과 물질세계의 관계에 대해서도 여러 형태의 과학적 실험들이 진행돼왔다. 로버트 잔과 브랜다 듄은 우리가 현실이라고 지각하는 것은 우리 내면이 외부환경과 상호작용한 결과라고 한다(Jahn & Dunne, 1987 & 2001). 더구나 우리의 마음은 아주 미세한 입자로 되어 있어 물리적 입자와 동일하기 때문에 그것이 입자일 때는 일정한 공간을 차지하고 그것이 파동으로 변하면 시공간을 초월하여 이동할 수 있다고도 주장한다. 실제로 발레리 헌트는 개인 심리상태의 변화가 물질세계에 어떤 영향을 주는지에 관해 다양한 실험을 진행한 바 있다(Hunt, 1989). 이 실험에서 그녀는 의식에너지장에서 역동적인 패턴으로 작용하고 있는 일종의 끌개attractor의 존재를 입증한 바 있다.

다시 데이비드 봄과 칼 프리브람의 관점으로 돌아와 좀 더 부연하면, 우리가 지각할 수 있는 일상적인 시공간의 '눈에 보이는 세계'의 이면에는 그들이 포텐셜이라고 부르는 '눈에 보이지 않는' 에너지 조직계가 있다는 것이다. 한편에서는 눈으로 볼 수 없는 '안으로 접혀진 포텐셜 질서'가 있고, 다른 한편에서는 '일상적인 시공간에 나타나는 질서'가 있게 된다. 특히 데이비드 봄은 우리의 눈앞에 펼쳐지는 감각적인 현실의 이면에는 그 자체가 의식에너지로 이루어진 존재의 더 깊은 차원, 즉 광대하고 더 본질적인 차원의 현실이 존재한다고 말한다. 그는 이 실재의 더 깊은 차원을 '감추어진implicate(접힌enfolded)' 질서라고 하고, 우리의 존재 차원을 '드러난explicate(펼쳐진unfolded)' 질서라고 부른다. 봄은 이 두 질서 간에는 끊임없는 에너지의 흐름이 있으며 우주의 모든 현상들의 나타남을 이 두 질서 간의 무수한 접힘과 펼쳐짐의 결과라고 본다.

일찍이 오스트리아의 물리학자 슈뢰딩거Erwin Schreodinger도 『나의 세계관*My View of the World*』(1925)이란 저서에서 우리가 누리고 있는 삶은 단순히 전체적 존재의 한부분이 아니며, 각 개인의 삶 자체가 바로 전체라고 말한다. 그래서 '내가 곧 이 전체의 우주이다'라는 전제하에 바로 우리의 의식이 모든 우주를 창조해낸다고 말한 바 있다. 이러한 맥락에서 오토피아 사상은 의식 과학과 복잡계 관점에서 다음과 같이 3×2 매트릭스로 나타낼 수 있다.

〈표 1〉은 본질적으로 인간이라는 존재, 그리고 우리의 의식 또한 모든 차원에서 자기조직화하고 있는 우주의 복잡성을 응축하고 있는 복잡적응계Complex Adaptive System임을 나타내주고 있다. "눈을 들어 하늘을 보라, 땅을 보라"는 시는 우리 자신이야말로 이 장엄한 우주 안에서 참으로 존엄한 존재임을 깨닫게 하는 '우주의 찬가'이자 '복잡계의 노래'라고 할 수 있지 않을까? 여기에는 우주 전체 모든 차원(천天, 지地, 인人)에서의 친밀한 연계성 또는 '얽힘'이 있다. 우주[天]와 우리가 사는 세상[地], 그리고 인간[人]이 하나로 연결되어 '문화세계'를 창조해가는 의식의 깨어남을 상징하는 시적 상상력이라는 생각이 든다. 즉, 메타Meta 차원The Universal Dynamics, 天에서의 온 세상과 우주를 꿰뚫는 마음planetary consciousness에서 시작하여, 매크로Macro 차원The Social Collective Dynamics, 地의 사회적 각성social awareness을 거쳐, 마이크로Micro 차원The

표1 복잡계 관점에서 바라본 오토피아 사상

	Levels of Complexity	The Unfolded 全乘和: 펼침 The Outer Ground	The Enfolded 主意生成: 접힘 The Inner Ground
Oughtopia 文化世界의 創造	The Universal Dynamics (天)	Global Common Society (Cosmic & Planetary Consciousness)	Mind of the Universe: (Supermind)
	The Social Collective Dynamics (地)	Socio-Cultural, Politico-Economic System (Collective Human Consciousness)	Collective Unconscious: (Social Awareness)
	The Individual Dynamics (人)	Body (Self Conscious Mind)	Individual Unconscious: (Self-Awareness)

Individual Dynamics, 人의 개별적 주체의 각성self-awareness에 이르기까지 3가지 차원의 다이내믹스가 모두 포함되어 있다.

오토피아 사상의 핵심인 사람 중심주의는 우리가 온 세상에 감사하고, 모두에게 감사하며, 자기 자신을 진정 사랑하고, 화해할 수 있는 자신의 세계에서 만큼은 스스로의 주인이 되는 것이라고 할 수 있다. 로베르토 웅거Roberto Unger가 『주체의 각성*The Self Awakened*』(2009)에서 말한 대로 멈추지 않는 인간성이라는 의미에서 '더욱 신神과 같이 되는 것to become more godlike'이다. 그러므로 세가지 차원의 다이내믹스에서 가장 중요한 것은 인간 개개인이 자기실현을 향해가는 개별적 주체의 각성Self-Awareness이다. 그러면 이를 시작으로 구성원 하나하나의 각성된 모든 개체의식Self-Conscious Mind들이 상호 연결되어 심층적인 차원에서 공동체 전체의 집합무의식Collective Unconscious이 만들어질 것이다. 이것이 설립자가 일찍이 꿈꾸었던 경희의 얼, 경희 정신의 '원형原型, Archetype'인 것이다. 이렇게 『문화세계의 창조』로 상징화되어 깨어난

원형의 이미지는 구성원 모두의 개인의식이나 집합의식을 흡수하면서, 스스로를 표현하며 지구적 존엄을 향해가는 강력한 끌개로 작용하게 될 것이다.

설립자의 사람 중심주의Human Centrism 사상은 우리 인류가 진화해 나가는 데 있어서 각성된 주체와 실천적 의지가 무엇보다 중요하다는 점을 강조한다. 샤르뎅도 『인간현상*The Phenomenon of Man*』(1959)에서 사람이 우주와 이 세상의 중심이고 그 때문에 사람은 우리가 우주를 보는 데 열쇠가 된다고 말한다. 주체의 각성과 같은 근원적 변화transformative change는 항상 내재적이고 심층적이며, 여기에는 마땅히 개별적 차원에서의 자기치유가 선행되어야 한다. 그 이유는 개별적 행위주체인 각 개인의 권한 강화self-empowerment가 선행되어야 모두가 속해 있는 사회집단적 차원의 치유를 거쳐 인류공동체 차원의 치유가 가능하기 때문이다. 이는 경희공동체 구성원 누구에게나 자아발견, 자아실현, 자아완성이 가장 긴급한 과제가 될 것임을 말해준다. 나아가서 경희 구성원 모두가 서로의 촉매 역할을 하고 촉진자이며, 협력자가 되어야 한다. 그때 비로소 경희공동체는 치유 에너지가 흘러나올 수 있는 '치유의 장場'이자, 그 원천이 될 것이다.

3. 임계점의 비약을 위한 발전전략의 모색

1951년 전쟁의 한복판에서 기적적으로 출간된 『문화세계의 창조』, 그 빛바랜 표지에 새겨진 '지구 행성' 이미지는 여전히 우리 모두를 일깨우는 경희의 살아있는 영혼이다. 그 때 깨어난 이미지는 경희만의 독특한 역사와 미션을 따르며, 앞으로 경희가 걸어 갈 미래의 운명을 예견케 하고 있다. 괴테Goethe 연구가이며 정신 과학자이자 인지학人智學, Anthroposophy을 창시한 루돌프 슈타이너Rudolf Steiner에 의하면, 인간이나 공동체는 7년 주기의 리듬을 갖고 새로운 지각의 문을 열어가며 영적인 성장을 거듭해간다고 말한다(Lievegoed, 1978). 또한 그는 '3×7 year', 즉 21년이라는 영적 성장의 더 큰 주기에 대해서도 말하고 있다. 이에 비추어 볼 때, 경희대학은 아래 3개의 국면이라는 3단계의 압축된 발전과 성장의 리듬을 거쳐 오늘에 이르렀다고 생각한다.

경희의 발전과 성장의 리듬

- The 1st Phase (1949~1970): 창학과 성장
- The 2nd Phase (1971~1991): 확장과 분화
- The 3rd Phase (1992~2012): 성숙과 통합

경희는 지금까지 9부 능선(2006~2012년)을 넘어 오늘에 이르기까지 수많은 도전에도 불구하고 세계적 명문사학으로 발돋움할 수 있는 잠재적 역량을 세상에 증명해낸 바 있다. 현재 경희는 2013년부터 '미래전략 2020'과 그 이후의 미래 경영과 대학 발전을 준비해야 하는 10부 능선의 여정에 이미 들어선 바 있다.

그러면 앞으로 10부 능선(2013~2019년)의 과정에서 그리고, 그 이후의 미래 경영과 발전전략이 경희에게 주는 의미는 무엇일까? 두 가지 측면에서 전략적 전환strategic shift이 요청된다.

이중나선형 전략

우선, 10부 능선은 초협력을 필요로 하는 가장 가파른 능선이 될 것이다. 때문에 경희가 처하고 있는 현재의 도전적 상황은 자기조직화하는 추동력self-organizing drive, 즉 새로운 도약을 위한 내재적 발전 역량을 특별히 강화해야 할 시점이다. 이를 위한 경희의 미래전략은 발전 인프라Infra와 정신 슈프라Supra가 서로 얽히

며 대학 발전을 견인해가는 이중나선형적 발전전략이 되어야 한다. 21세기 명문의 조건과 미래대학의 새로운 전범을 창조하기 위해서는 시스템 차원에서 최적의 발전 인프라를 만들어가는 것은 물론이고, 이와 함께 경희 고유의 창학정신을 되살려 공동체 의식에 뿌리내리는 보다 심층 차원의 정신 슈프라에서도 그 발전 동력을 찾아야 할 것이다.

메타시스템 전환

분명 경희는 이제 2020년과 그 이후, 필연적으로 보다 높은 새로운 단계로의 임계점의 비약을 앞두고 있다. 즉, 경희대학은 오래전 과학사상가 뚜르찐Turchin 교수가 그의 저서 『과학의 현상*The Phenonenon of Science*』(1977)에서 말한 바 있는 이른바 '메타시스템 전환' metasystemic transition을 이룩해야하는 시점에 이르고 있는 것으로 판단된다. 즉, 경희는 지금까지 성취해온 바탕 위에서 설립자가 줄곧 주장해 마지않는 우주와 인간에 대한 한층 고양된 시각을 그 어느 때보다도 필요로 하고 있다. 21세기 인류문명이 요구하는 경희의 창학이념, '문화세계의 창조'와 '학문과 평화'를 구현하기 위해서는 새로운 단계의 질적 도약을 준비해야 하는 것이다. 이러한 메타시스템의 전환이 가능하려면, 기존 시스템의 근본적 재편성은 물론이고, 이에 못지않게 경희 본래의 미션에 부합하는, 슈타이너Steiner가 말하는 이른바 치유공동체curative community로서의 새로운 행동양식이나 근본적 의식 변화를 필요로 하게 될 것이다.

최근 들어 좁게는 인문학의 위기에서 시작하여 크게는 대학의 위기, 심지어 대학의 몰락이라는 말까지 등장하고 있다. 이러한 표현들은 단순히 학문적 표류를 나타내는 징후라고만 볼 수는 없는 것 같다. 보다 근본적으로는 현대 과학기술의 발달에서 비롯되는 인간소외의 문제와 더욱 더 영혼을 상실해가는 학문 탐구에서의 정신적 표류라는 차원에서 성찰되어야 할 것이다. 이처럼 사람들이 최근에 대학의 위기에 대해 빈번히 얘기하는 것은 지난 수백 년 간 지속해온 대학 시스템이 한계상황에 부딪혀 어떤 임계점에 도달했다는 것이고, 여기에는 구미의 세계적 명문대학들도 예외가 아니라는 생각이 든다. 경희는 이러한 메타시스템 전환의 전위에 서서 미래 인류문명의 새로운 패러다임은 물론, 이를 위한 21세기 미래대학의 전범을 만들어 가는 선도자가 되어야 할 것이다.

4. 미래는 어떻게 오는가?

우리는 항상 미래를 꿈꾼다. 경희는 개교 65주년을 맞이하여 나의 미래, 대학의 미래, 인류의 미래를 찾아가는 새로운 창조의 여정에 들어서고 있다. 경희가 찾아가는 이 미래는 어떻게 오는 것일까? 바꾸어 말해, 우리가 원하는 미래를 어떻게 오게 할 것인가? 이 질문은 저 자신이 대학원 재학 시절부터 40여 년이 넘도록 매달려온 주제이기도 하다. 이제 맨 앞에서 던졌던 세 가지 물음 중, 마지막 질문을 마주할 때가 되었다. 즉, 인간 의식의 내면과 우리가 현실이라고 부르는 바깥세상을 의미 있게 연결시켜 줄 수 있는 새로운 패러다임의 출현이 만약 가능하다면, "어떻게 우리 내면에 품은 우리가 원하는 미래를 우리가 지닌 '깨어난 상상력'으로 실제의 현실 속에 그대로 창조해 낼 수 있겠는가?How can we make our future exactly the same as we conceive of it in our *inner* work come out in the *world* work?" 어디까지나 여기에서 물음의 핵심은 '어떻게How'에 있는 듯 보인다. 이는 사실상 우리 모두가 늘 당면해야 하는 '미래기획의 방법'에 관한 것이다. 이에 대해 로베르토 웅거는 인간을 변화의 주체로 상정하고 각성시켜 '미래의 요소'를 '현재' 속에서 끌어내야 한다고 말한다. 또한 그는 "현실주의자가 되기 위해서는 우리 자신이 예언가가 되지 않으면 안 되며, 예언가는 현재 안에서 미래를 찾아내는 사람"이라고 말하고 있다. 너무도 당연한 얘기로 들린다. 그러나 그의 화려한 수사에도 불구하고, '어떻게' 현재 안에서 미래를 찾아야 하는지에 대한 단서는 어디에도 없다.

흔히 다가오는 일들은 현재 속에 그 그림자를 드리운다고 말한다. 데이비드 봄이 일찍이 말했듯이 미래는 현재 속, 감추어진 질서 속 깊숙한 곳으로부터 끊임없이 우리의 존재차원으로 현시되어 드러나고 있는 것으로 보여진다. "미래는 이미 와 있다. 단지 널리 퍼져있을 뿐이다The future is already here. It's just not very evenly distributed"라는 윌리엄 깁슨William Gibson의 말도 같은 맥락일 것이다. 그러나 여기에서도 '어떻게'에 대한 단서는 없다. 이와는 대조적으로 프레드 울프Fred A. Wolf는 그의 저서 『과학은 지금 물질에서 마음으로 가고 있다*Taking the Quantum Leap*』(1989)에서 우리 앞에 펼쳐지는 "이 세계가 지금-여기에 이런 모습으로 보이는 것은 (미래의 사건을) 우리 스스로가 선택한 결과"라는 대담한 주장을 편 적이 있다. 과연 우리는 울프Wolf가 말 한 것처럼, '지금-여기'에서 미래에 일어날 사건, 우리가 원하는 다가올 미래의 특정 상태를 미리 선택할 수 있는 것일까? 이 물음이야말로 우리가 실질적으로 마주해야 할 핵심적 질문이 아니던가? 이에 답하기 위해 저는 우리의 시간 인식과 관련된 과감한 사고실험thought experiment을 시도해보고자 한다. 이 실험은 지난 65년 역사의 궤적 속에 드러난 경희 고유의 '미래기획 방식'에 관한 것이기도 하다.

시간의 순환고리, 현존의 시간과 창조된 시간

로버트 사르델로Robert Sardello는 『사랑과 세계*Love and the World*』(2001)에서 프로이트와 융이 그들의 심층심리학에서 자아개념the ego, the Self의 형성을 오직 과거라는 하나의 시간차원에만 한정시켜 보는데 대해 강력히 비판하고, '자아'는 미래를 향하는toward the future 존재라기보다는, 미래로부터from the future 형성되는 존재라고 주장한다. 심리치료psychotherapy 측면에서 '나'라는 존재의 실체의 변화는 과거the past의 원인에서 보다는 미래the future의 '가능성'에서 찾아져야 한다는 것이다. 이런 의미에서 사르델로는 '미래는 현재속으로 흐른다Future flows into the present'고 주장한다. 우리가 일상적으로 경험하는 시간의 화살은 과거에서 현재, 그리고 미래를 향해 한 방향으로만 달리는 것이라고 느끼기 십상이다. 딘 라딘이 아인슈타인을 인용해 말한 것처럼 과거, 현재 그리고 미래로 이어지는 시간의 흐름은 우리 마음속에 끈질기게 자리 잡고 있는 환영에 불과한 것이다(Radin, 1997). 시간의 흐름을 강江에 비유하면 우리 마음속에는 항상 '두 개의 강a double flow within time'이 흐르고 있다. 하나는 '현존의 시간observed in time'속에 현재에서 미래로 정 방향forward flowing으로 흐르는 '눈에 보이는' 강이다. 다른 하나는 '창조된 시간imagined in time' 속에 미래에서 현재로 역방향backward flowing으로 흐르는 '눈에 보이지 않는' 강이다. 실상 두 개의 강은 아래 〈그림 1〉이 보여주는 것처럼 우리의 마음속에 끊임없이 교차하며 흐르고 있다고 볼 수 있다.

프레드 울프는 그의 최근 저서, 『*Mind into Matter*』(2001)에서 주장하기를 우리의 마음은 이러한 끊임없는 '시간의 순환 고리a time loop' 속에 있으며, 두 방향의 흐름이 교차하는 어디에서건 양자(의식)세계imaginal world의 가능성은 물질세계physical world에서의 실제의 현실로 현시된다고 말한다. 두 흐름이 교차하는 이곳

그림1 의식 상태의 변환(A Spiral Time Loop)

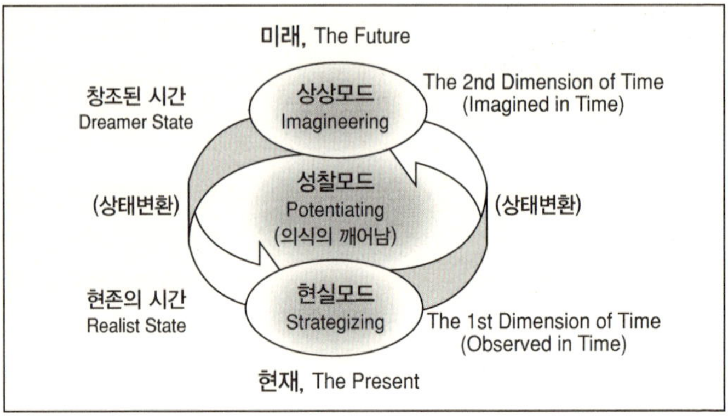

은 바로 의식이 깨어나는 지점이다. 현존의 시간과 창조된 시간이 가로지르며 만나는 이 순간이야말로 의식상태가 변환되는 순간이다. 이 지점에서 우리는 시공간의 안팎에서 동일한 체험을 하게 된다. 왜냐하면 객관적으로 존재하는 물리적 세계에서의 실제현실을 이해하기 위해서래도 우리는 상상에 의한 주관적인 의식적 체험을 필요로 하기 때문이다. 의식의 영역(마음)과 감각의 영역(물질) 사이에는 린 맥태거트가 말하는 "지속적인 두 갈래 정보의 흐름a constant two-way flow of information"이 분명 존재하는 것이다(McTaggart, 2007). 이러한 마음과 물질 간의 끊임없는 정보교환은 인간의 의식적 주의능력peak attention, a state of concentrated focus에 대한 오랜 기간에 걸친 실험을 통해 이미 입증된 바 있다.

두 세계의 넘나듦, 인과의 세계와 상상의 세계

양자물리학에서는 매우 오래전부터 시간의 두 차원the double dimension of time에 대해서 얘기해오고 있다. 특히 앞에서 언급한 데이비드 봄의 '두 개의 질서모델the two orders'도 바로 그 중의 하나라고

그림2 시간의 두 차원(The Double Dimension of Time)

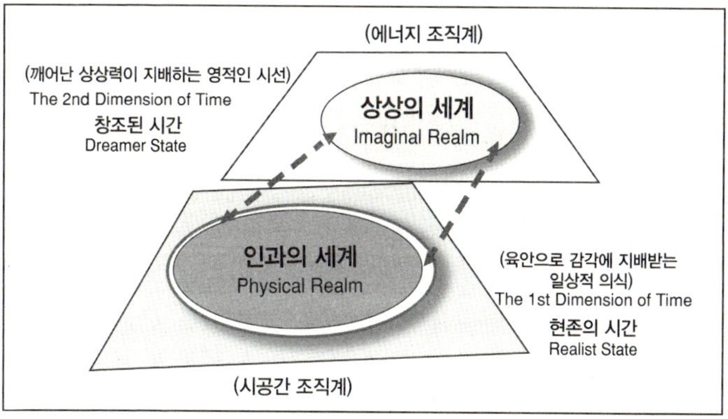

할 수 있겠다(Bohm, 1989).

우리 모두는 3차원 공간에 시간이라는 차원을 더하여 4차원의 시공연속체에서 살아가고 있다. 이것이 바로 〈그림 2〉 밑쪽에서 보여주는 눈에 보이는 시공간 조직계에 나타나는 '현존의 시간 the 1st dimension of time'이다. 이 시간 차원은 봄이 말하는 이른바 명시적 질서explicate order이다. 우리가 현실이라고 부르는 물리적 영역physical realm에 속하는 '인과의 세계'인 것이다. 이 '현존의 시간 observed in time' 속에서 우리는 감각에 지배받는 일상적 의식 상태에 있게 된다. 여기에 더하여 〈그림 2〉의 위쪽에 있는 눈에 보이지 않는 또 하나의 시간 차원the 2nd dimension of time이 있다. 즉, 우리의 상상력이 통제하는 '창조된 시간imagined in time'이다. 이것은 순수한 상상의 세계imaginal realm로서 양자도약quantum leap이 가능한 에너지조직계이다. 데이비드 봄의 두 개의 질서모델에 의하면, 이것은 안으로 접혀진 함축적 질서implicate order이고, 여기에서의 의식은 근원 의식으로 시공을 초월한 순수한 5차원적 존재라고 할 수 있다.

우리가 미래에 어떤 특정한 목표가 이루어지기를 원한다면, 우리는 현존의 시간 연장선상에서 '미래를 향해toward the future' 원하는 결과를 생각하는 마음 상태를 벗어나 '이 세상 밖으로out of this world'의 여행이 필요하다. 즉, 상상의 세계imaginal world인 창조된 시간 속으로 뛰어들어 이미 원하는 결과가 실현된 '미래로부터from the future' 생각하는 의식 상태로 옮겨가는 것이 중요하다. 이것이 중요한 이유는 원하는 결과에 대해 단순히 머리로 '생각하는 것'과 실제로 실현된 결과를 확고한 느낌으로 가슴속에 '경험하는 것'과는 근본적인 차이가 있기 때문이다. 우리는 깨어난 상상력으로 우리가 원하는 특정한 미래의 모습을 외적인 바깥세상 속, 지금-여기에 충분히 투영할 수 있다. 그러기 위해서 우리는 언제고 원하면, 감각에 지배받는 일상적 의식 상태, 즉 '현존의 시간observed in time' 차원을 벗어나 상상력이 통제하는 '창조된 시간imagined in time' 속의 영적인 시야로 옮겨 갈 수 있어야 한다. 여기에서 5차원 공간 즉, 에너지 조직계에서의 창조된 시간은 민델이 말하는, 소위 '초공간hyperspace'에 속한 실재實在이다. 눈에 보이지 않는 이 세계는 객관적으로 존재하는 물리적 영역physical realm 너머에 우리의 상상력이 창조한 세계이다. 우리가 삶에 대한 창조적 태도를 견지하기 위해서는 두 가지 시선을 동시에 유지하면서 두 차원의 세계를 넘나드는 것이 중요하다. 칼 융의 제자이자 민델의 스승이었던 바바라 한나Barbara Hannah는 이처럼 동시에 두 관점을 유지한 채 적극적으로 상상력을 일깨워 의식 상태를 바꾸는 방법을 그녀의 저서 『*Active Imagination*』(1981)을 통해 이 세상에 널리 알리고자 했다.

'지구적 존엄'을 향한 경희의 비상

이러한 방법은 아래 〈그림 3〉에서처럼, 언제나 우리가 원하면,

그림3 이중나선형 비전(The Double Spiral Vision)

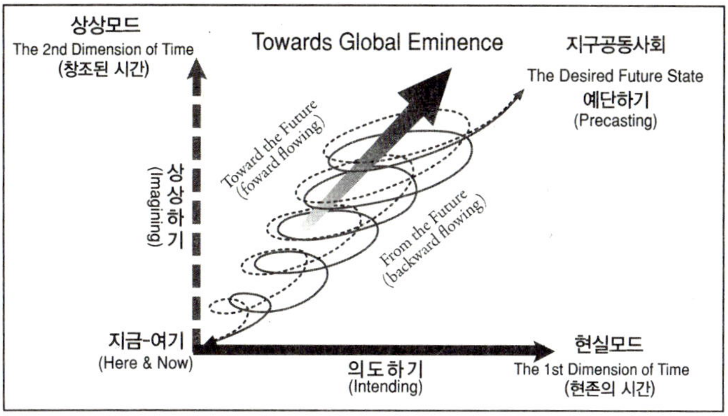

현존의 시간 속, 현실모드realist state에서 창조된 시간 속, 상상모드dreamer state로, 다시 상상모드에서 현실모드로 번갈아가며 마음상태의 전환을 시도 하는 것과 같다. 이것은 개인적 차원에서 언제 어디에서나 누구나 즐기며 할 수 있는 의식 상태 변환을 위한 일종의 '마인드 게임mind game'이라고도 할 수 있겠다. 즉, 〈그림 3〉이 보여주는 것처럼 현존의 시간대인 수평축과 창조된 시간대인 수직축을 번갈아 오가며, 우리가 원하는 미래의 특정 상태를 예단precasting해가는 과정이다. 여기에서 현재와 미래, 양 방향을 향하는 시간의 흐름은 단선적이 아닌 이중나선형적 얽힘의 과정이다. 이는 비유하자면 경희공동체 전체가 '상상imagining'과 '의지intending'라는 두 날개를 달고 지구적 존엄을 향해 비상하는 과정이다.

〈그림 3〉에서 수평축은 현존의 시간을 나타내고 수직축은 창조된 시간을 가리키고 있다. 양축의 한가운데 점선 부분은 지금-여기에서 특정한 미래를 향해 앞으로 진행하는forward flowing 시간의 흐름이고, 반면에 실선으로 표시된 부분은 미래로부터 지금-

여기로 거꾸로 진행하는backward flowing 시간의 흐름이다. 이 두 갈래의 흐름은 현존의 시간과 창조된 시간, 두 세계를 교차하며 끊임없이 흐른다. 두 세계를 넘나드는 것은 이 세상을 살아가는 우리 각자의 실존적 선택이다. 중요한 것은 우리가 원한다면 언제나 바로 지금-여기에서 이 두 세계를 동시에 경험할 수 있다는 사실이다. 그러나 이 두 개의 세계는 결국 '하나의 세계'이다. 우리 모두가 몸담고 있는 하나의 세계의 두 개의 다른 모습일 뿐이다. 우리 앞에는 언제나 두 개의 세계, 현존의 시간 속, '미망迷妄의 세계'와 창조된 시간 속 '포월抱越의 세계'가 우리의 선택을 기다리고 있다. 서로가 서로를 품고 있다. 그리하여 이 '하나'이면서 '두 개의 세계'는 끊임없이 서로를 잉태한다. 언제나 이 양쪽 세계 모두에 우리의 존재가 있음을 자각하는 것이 중요하다. 지금-여기에서 두 세계의 경계에 설 때 우리는 가장 자유롭다. 그곳에 일찍이 설립자가 꿈꾸었고, 우리 모두가 꿈꾸는 가능적 세계가 있다. 지난 65년간 경희역사가 증거하고 있는 미래기획 방식은 자명하다. 앞으로도 그것은 '미래를 향해Toward the Future' 가는 것이라기보다는, 설립자의 담대하고 원대한 기획에 의해 이미 오래전에 심어진 경희의 얼, 지구적 존엄이 실현된 경희의 '미래로부터From the Future' 지금-여기로 가져오는 것이 될 것이다.

5. 경희의 얼, 나의 재발견

일찍이 설립자가 경희를 통해 꿈꾸었던 미래에 대한 희망과 원대한 기획은 궁극적으로는 각성된 인간 개인 하나 하나가 창의적이고 주체적인 삶의 영역에서 최대한의 활력을 찾아내는 것이 되어야 한다. 문제는 개별적 행위주체의 권한 강화를 어떻게 이룰 것인가이다. 블라디미르 디미트로프Vladimir Dimitrov는 『새로운 종류의 사회과학*A New Kind of Social Science: Study of Self-organization of Human Dynamics*』(2005)에서 하이젠베르크(Heisenberg, 1972)의 말을 빌려 우주적 의식 진화 과정에서 각성된 개별적 행위주체야말로 사회 전체, 더 나아가 우주 전체의 의식 진화를 이끄는 '운반자'라고 한다. 여기에 덧붙여 그는 사회적 의식 진화의 역량을 이끌어 올리기 위해서는 개개인의 개별적 차원의 각성이 선행되어야 하며, 이것이 없이는 사회 집단적 차원의 진화는 불가능할 것이라고 주장한다.

그 이유는 인간 개개인의 의식 성장은 결코 타인이나 바깥으로부터 주어질 수 있는 것이 아니라, 오직 자신의 '내면inner source'에서만 솟아날 수 있기 때문이라는 것이다. 우리의 개인적 성장을 향한 열망urge for growth, 즉 각자의 내면이 지닌 고유의 삼재력을 일깨우려는 강력한 바람이 없이는 결코 이루어지지 않는다는 것이다. 하나의 '씨앗'은 외부의 적절한 조건을 기다리기만 하면 스스로 성장할 수 있다. 그러나 인간 의식이 깨어나는 것은 외부조건이 어떠하든 간에 오직 스스로의 '힘' 자신의 의지와 이성, 그리고 자신의 감성과 직관에 의해서만 가능하다는 얘기이다. 이와 같이 우리 스스로를 알고자 하는 본래적 충동과 각성에 대한 인간 각 개개인의 열망만이 궁극적으로 우주 전체를 각성시켜 나가는 진정한 원동력이라는 것이다. 달리 표현하면 우주는 우주 스스로가 깨어나기 위해 인간 개개인의 각성을 필요로 한다는 얘기이다. 디미트로프는 이렇게 인간 누구나가 스스로를 이끌어 올리려는 인간 의식만이 지니는 '자기 준거적 능력self-referential ability'을 '부트스트랩핑bootstrapping'이라고 명명하고 있다.

이처럼 우리 모두에게는 아직 잠들어 있는 어떤 특정한 내면의 힘을 각성시키고자 하는 강력한 바람이 있다. 로베르토 웅거도 이러한 '주체의 각성'이야말로 인간이 지닌 잠재적 역량의 무한

성에 대한 믿음을 되찾고, 인간의 주체성을 깨워 인간을 더욱 인간화하고 신성화하는 프로젝트라고 말한 바 있다(Unger, 2009). 이러한 맥락에서 경희공동체 전체의 의식 진화의 역량evolutionary competence을 높이는 데에는 먼저 경희의 얼을 구성원 개개인의 각성된 주체의 내면에서 다시 발견하게 만드는 자기치유의 과정이 필요하다. 샤르뎅이 말하는 '사람됨'이나 웅거가 말하는 각성된 주체의 궁극적인 상태는 아마도 인간의 잠재력이 완전히 개발되어 인간 스스로가 자신의 주인이 되는 상태일 것이다.

그러면 우리가 스스로의 주인이 된다는 것은 어떤 의미인가? 『오토피아』에서 말하는 의식의 지도성, 고도지각, 의식적 주의능력이란 무얼 의미하는 것일까? 이는 결국 나의 의식이 실제로 내가 경험하는 현실을 창조할 수 있음을 의미하는 것이 아닐까? 이것은 우리가 각자 자신의 존재의 중심점을 자신의 내부로 옮겨, 외부로부터의 인상을 '내'가 정하는 방식으로 자신에게 적용시킬 수 있을 때 비로소 가능해질 것이다. 바꾸어 말하면, 진정한 의미에서 내가 '근원'이 되어, 내가 '결정'하고, 내가 '주인'이 될 때일 것이다.

이런 의미에서 우리 눈앞에 펼쳐지고 있는 모든 현상은 실제로는 나의 내부에 존재한다. 나의 의식이 내가 경험하는 현실을 창조하는 것이다. 이와 관련, 일찍이 움베르토 마투라나Humberto Maturana와 프란시스코 바렐라Fancisco Varela는 『*Autopoiesis and Cognition: The Organization of the Living*』(1980)에서 자기창조Autopoiesis: Self-Making야말로 마음의 과정을 포함하는 모든 살아 있는 생명시스템의 본질이라는 통찰을 한 바 있다. 다시 말해 마음(정신)은 생명과정 그 자체이고, 모든 생명현상 속에 내재하며, 우리의 인지행위(의식)는 그때마다 우리자신의 존재를 포함하여 하나의 새로운 세계를 탄생시킨다는 것이다. 그러므로 우리가 시선을 향해야 하는 곳은 우리 자신의 의식이다. 의식이 비추는 대로 외부세계가 만들어지는 것이 우리 각자의 삶이라면 세상을 바꾸기 위해서는 우리 자아를 변형시키는 길밖에 없다. 외부에서 도움을 구할 수 있는 방법은 없는 것이다.

Peace BAR가 주는 실천적 의미는 무엇인가?

경희의 교시는 새로운 '문화세계의 창조'이다. '문화세계'란 사람 중심의 평화세계이며, 정신적으로 아름답고Spiritually Beautiful, 물질적으로 풍요로우며Materially Affluent, 인간적으로 보람 있는Humanly Rewarding 사회이다. 이것은 단순한 구호가 아니다. 사실상 오늘의 경희를 있게 한 원동력이자 밑바탕이며, 경희가 가야 할 핵심가치를 나타낸다. 'Peace BAR'가 단순히 의례적인 구호가 아니라면, 우리는 스스로를 향해 물을 필요가 있다. 우리는 어느 정도의 내적 진실로서 우리 자신이 진정 원하는 것에 마주 설 수 있는가? 사실 아무도 우리에게 이 세상을 구원하라고 요구하지 않는다. 우리가 이 세상을 진정 자신이 원하는 모습으로 만들고자 한다면, 우리는 그 누군가를 향해 이래라 저래라 요구할 필요가 없다. 우리는 먼저 자신의 자아를 바꾸면 된다. 자아를 바꾸고 나면, 그때 비로소 이 세상은 우리의 새로운 자아가 비추는 대로 지금까지와는 전혀 다른 모습으로 우리에게 다가올 것이다.

그러니까, 이 세상을 '정신적으로 아름다운' 세상으로 만들고 싶다면 먼저 우리 자신을 정신적으로 아름답게 만들고, 이 세상을 '물질적으로 풍요로운' 세상으로 만들고 싶다면 먼저 우리 자신을 물질적으로 풍요롭게 만들면 되고, 이 세상을 '인간적으로 보람 있는' 세상으로 만들고 싶으면 먼저 우리 자신의 삶을 인간적으로 보람 있는 삶으로 만들면 된다. 그러므로 경희가 추구하는 지구적 존엄을 구현하고, 이 세상 모두를 신성하게 바꾸고 싶다면 그렇게 바꾸는 데 필요한 것은 무엇보다 먼저 우리 자신을 신성하게 만드는 길뿐이다. 이것이 진정 경희의 얼, 경희의 정신이다.

■ 참고문헌

1. 조영식 박사 저서

조영식, 『문화세계의 창조』, 경희대학교 출판문화원, 2014년 복간본.

Choue, Young Seek, *Oughtophia*, Pergamon Press, New York, 1981.

2. 기타 서적

Bohm, David, *Quantum Theory, Dover* Publications, 1989.

____________, *Wholeness and the Implicate Order*, Routledge & Keagan Paul, 1980.

Bradley, Raymond, "Values, Agency, and the Theory of Quantum Vacuum Interaction", in *Brain and Values: Is a Biological Science of Values Possible,* edited by Karl H. Pribram, Lawrence Erlbaum Associates, Publishers, 1998.

Chardin, Teilhard de, *The Phenomenon of Man*, Harper & Row, 1959.

Dimitrov, Vladimir, *A New Kind of Social Science: Study of Self-organization of Human Dynamics*, LuLu Press, 2005.

Heisenberg, Werner, *Physics and Beyond: Encounters & Conversations*, Harper & Row, 1972.

Hunt, Valerie, *Infinite Mind: Science of the Human Vibrations of Consciousness*, Malibu Publishing Co., 1989.

Jahn, Robert G. & Dunne, Brenda, *Margins of Reality: The Role of Consciousness in Physical World*, ICRL Press, 1987.

____________, *Consciousness and the Source of Reality*, ICRL Press, 2001.

Jung C. G. & Joan Chodorow, *Jung on Active Imagination*, Princeton University Press, 1997.

Lievegoed, Bernard C. J., *Forming Curative Communities*, Rudolf Steiner Press, 1978.

Maturana, Humberto & Varela, Fancisco, *Autopoiesis and Cognition: The Organization of the Living*, D. Reidel Publishing Co., 1980.

McTaggart, Lynne, *The Intention Experiment*, Free Press, 2007.

Pribram, Karl, *Languages of the Brain*, Brandon House, 1971.

Radin, Dean, *The Conscious Universe: The Scientific Truth of Psychic Phenomena*, HarperEdge, 1997.

Sardello, Robert, *Love and the World*, Lindisfarne Books, 2001.

Schroedinger, Erwin, *My View of the World*, Cambridge University Press, 1925.

Turchin, Valentin F., *The Phenonenon of Science: A Cybernetic Approach to Human Evolution*, Columbia University Press, 1977.

Unger, Roberto, *The Self Awakened: Pragmatism Abound*, Harvard University Press, 2009.

Wolf, Fred A., *Mind into Matter: A New Alchemy of Science and Spirit*, Moment Point Press, 2001.

____________, *Taking the Quantum Leap*, Harper Perennial, 1989.

Wolfram, Stephen, *A New Kind of Science*, Wolfram Media Inc., 2002.

저자 소개

라종일

서울대학교에서 정치학 학사와 석사를, 영국 케임브리지대학교 트리니티 칼리지에서 정치학박사를 취득했다. 1972년 경희대학교 정치외교 학과교수로 부임했다. 미국의 스탠포드대학교, 미시간대학교, 캘리포니아대학교, 프랑스의 소르본느대학교, 그리스의 아테네대학교 등에서 연구교수와 교환교수를 지냈으며, 영국 케임브리지대학교의 펠로우를 역임했다. 국가정보원 해외담당 차 장, 대통령비서실 국가안보 보좌관, 국가안전보장회의 상임위원장, 주영대사 및 주일대사, 우석대학교 총장을 역임하고, 한양대학교 석좌교수로 재직 중이다.

이동욱

(사)인간과학연구소장이자 학교법인 경희학원 이사로 재직 중이다. 서울대학교 문리과대학과 UCLA 등에서 수학하고, 펜실베이니아대학교에서 박사학위를 취득하였다. 단국대학교 사회과학대학에서 가르치며 오랜 연구 끝에 동도서기東道西器의 가능성을 여는 21세기 의식각성 분야의 새로운 융합기술이라고 할 수 있는 통합적Integral, 전인적Holistic, 체계적Systemic 창조학습원리인 휴먼시스테믹스HumanSystemics 프로그램을 개발하였다. (사)인간과학연구소를 설립하여, 휴먼시스테믹스에 기반한 의식각성 프로그램을 보급하고 있다.

김민웅

세계체제론과 기독교 윤리학을 전공하고, 목회자, 언론인, 국제문제 전문가, 방송인으로 활동했다. 현재 성공회대학교에서 세계 자본주의 체제의 역사적 변화과정을 분석하는 '세계체제론'과 '기독교 사회 윤리'를 가르치고 있으며, 최근에는 인문학 교육의 새로운 지평을 열고자 노력하는 경희대 후마니타스 칼리지에서 가치교육과 시민교육을 비롯해, 문명사에 대한 강의를 하고 있다. 주요 저서로 『동화독법』, 『창세기 이야기』, 『자유인의 풍경』, 『밀실의 제국』, 『보이지 않는 식민지』, 『패권시대의 논리』, 『콜럼버스의 달걀에 대한 문명사적 반론』 등이 있다.

김상준

경희대학교 공공대학원 교수로 재직 중이다. 서울대학교 사회과학대학을 졸업하고 뉴욕 뉴스쿨에서 석사학위, 컬럼비아 대학에서 박사학위를 취득했다(사회학). 주요 저서로 『미지의 민주주의: 신자유주의 이후의 사회를 구상하다』, 『맹자의 땀 성왕의 피: 중층근대와 동아시아 유교문명』(2011년 성균관 유교 학술원 저작상), 『유교의 정치적 무의식』, 『진화하는 민주주의: 아시아, 라틴 아메리카, 이슬람 민주주의 현장 읽기』, 역서로 『유쾌한 감옥』 등과 주요 논문으로 「중층 근대성 : 대안적 근대성 이론의 개요」(한국사회학회 논문상) 등이 있다.

문화세계의 창조

새로운 미래를 향해

초판1쇄 인쇄 2014년 9월 1일
초판1쇄 발행 2014년 9월 11일

편자 미원조영식박사기념사업회
발행인 조인원
발행처 경희대학교 출판문화원

주소 서울특별시 동대문구 경희대로 26
전화 02-961-0106~8, 팩스 02-962-8840
설립 1960년 9월 16일 제5-8호
등록 1977년 11월 8일 제6-5호
홈페이지 www.khupress.com
전자우편 press@khu.ac.kr

ISBN 978-89-8222-475-1 04300